똑똑한 낱말 퍼즐 2-1

교과 어휘로 시작하는 문해력 첫걸음

추천사

낱말의 힘, 문해력의 시작

매일 아침 아이들과 한 줄 쓰기를 한 적이 있습니다. 아이들이 풀어내는 한 문장에는 그 아이의 어제와 오늘의 기분이 드러나기도 하고 때로는 기발한 생각이 담겨 있습니다. 이런 말을 모으면 굉장한 보물상자가 됩니다. 그러나 그 한 줄을 어떻게 시작해야 할지 몰라 망설이는 아이들도 있습니다. 막막하고 두려움을 느끼는 걸 종종 봅니다. '대박! 헐! 재미있었다' 등 쓰는 단어만 반복적으로 사용하기도 합니다.

어휘력이 부족하면 책에서 아무리 유익한 정보를 던져줘도 받아먹지를 못합니다. 뜻을 잘 알아야 문장을 이해할 수 있고, 문장을 이해해야 교과 내용을 알아들을 수 있습니다. 낱말을 정확히 알고 있는 아이는 표현이 달라지고, 목소리가 또렷해지고, 수업 시간에 생기가 돕니다. 저학년 때부터 낱말의 정확한 뜻을 알고 익혀야 하는 이유입니다. 우리 아이들은 AI가 글을 쓰고 정보를 찾아주는 시대에 살고 있습니다. AI가 그럴듯하게 글을 써줄 수는 있어도 판단할 줄 아는 능력은 내 언어로 생각하고, 말하고, 쓸 수 있는 힘, 바로 문해력입니다.

이 책은 2학년 1학기 국어 교과서에 나오는 핵심 낱말들을 중심으로 놀이하듯 익히도록 구성하였습니다. 낱말의 뜻을 유추하는 퍼즐 형식과 즐겁게 배울 수 있는 교과 연계 놀이를 더했습니다. 이 과정에서 아이들의 어휘력은 물론 사고력, 관찰력까지 함께 자라납니다. 어릴 때부터 글을 읽고, 쓰고, 생각을 나누는 습관은 아름다운 사회의 변화를 이끌어내는 중요한 요소라고 생각합니다. 우리 아이들이 말과 글 공부를 통해 자신만의 '정체성(identity)'을 찾아가는 과정을 즐기기를 응원합니다.

김연숙(우촌초등학교 교감)

일러두기

1 2학년 1학기 교과서 〈국어 ㉮〉, 〈국어 ㉯〉, 〈국어 활동〉에 나오는 핵심 낱말들을 중심으로 구성되어 있습니다. 재판, 승강기, 유기견처럼 아이들에게 다소 어렵게 느껴지는 어휘도 포함되어 있지만 실제로 교과서 속에서 만나게 되는 낱말들입니다.

2 이 교재는 총 6단계로 구성되어 있으며, 각 단계마다 7세트의 낱말퍼즐과 4개의 학습 연계 놀이터가 들어 있습니다. 1학기와 2학기 전 과정을 마치고 나면 초등 2학년이 꼭 알아야 할 600여 개의 필수 낱말을 익힐 수 있습니다. 놀이터에는 헷갈리기 쉬운 낱말, 상황에 맞는 말 찾기, 그림자 찾기, 다른 그림 찾기 등을 담아 재미를 더했습니다.

3 뜻풀이는 국어사전을 기본으로 하였고, 실제로 어떻게 쓰이는지 알 수 있도록 예문을 함께 넣었습니다. 뜻풀이를 보고 답이 떠오르지 않을 때는 연결된 다른 칸의 퍼즐을 먼저 풀어보세요. 이어지는 낱말에서 힌트를 얻어 스스로 낱말을 유추해 내는 힘이 길러집니다.

4 하나씩 완성할 때마다 p.125 〈정말 잘했어요!〉에 칭찬 스티커를 붙여주세요. 아이의 성취감을 키워줍니다. 또한 p.126 QR코드를 통해 정답지와 놀이터를 포함한 무료 워크시트를 함께 활용하면 학습효과는 더욱 높아집니다.

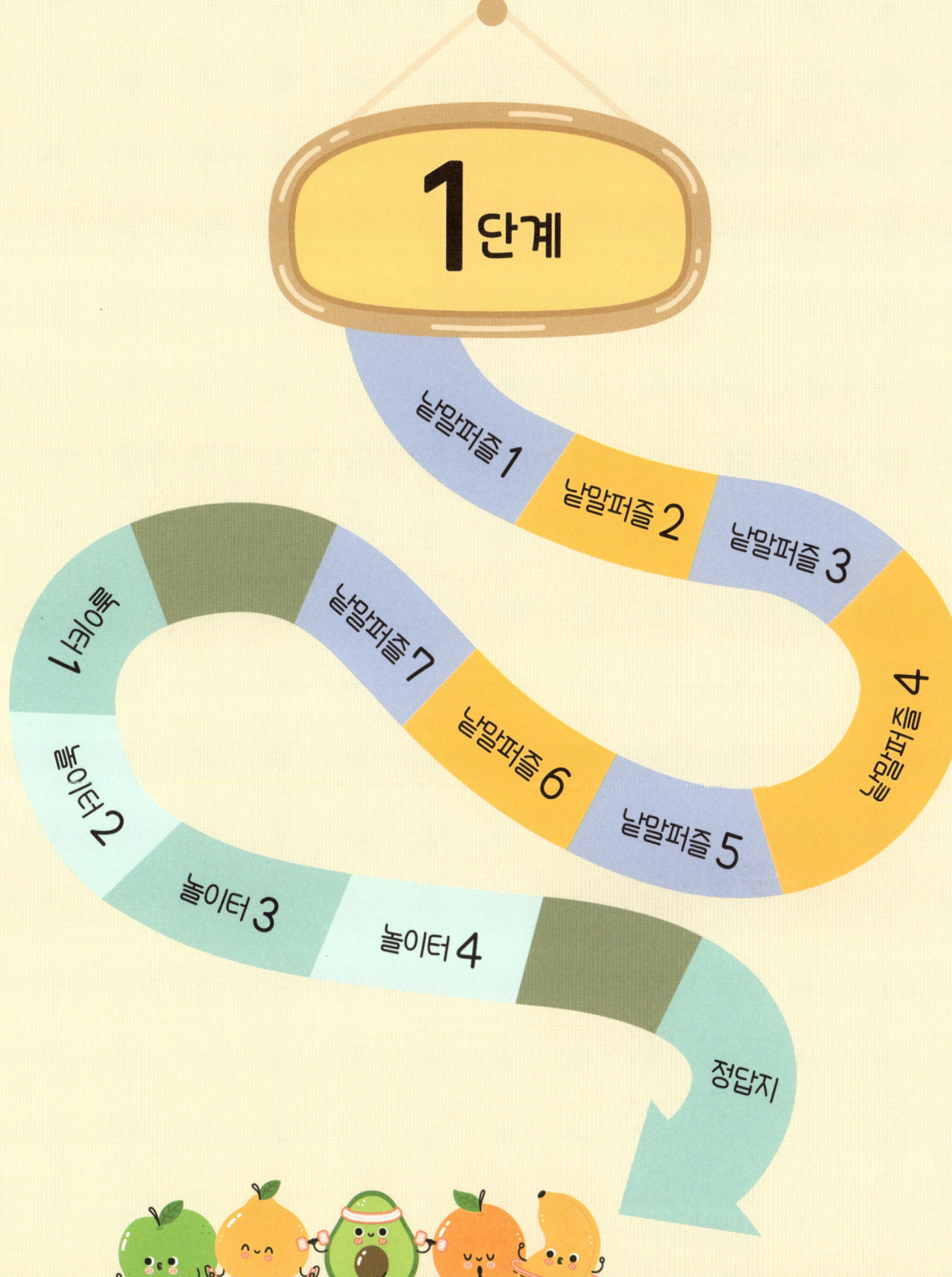

가로 뜻풀이

1 이야기, 만화영화에서 사건을 이끌어나가는 인물. 콩쥐팥쥐의 ○○○은 콩쥐죠.

4 평상시. 특별한 일이 없는 보통 때. "오늘은 ○○보다 밥을 많이 먹었어."

5 고추장, 된장이 담긴 항아리를 놓아두려고 마당 안에 좀 높게 만들어 놓은 곳.

7 꽃을 심기 위해 만들어 놓은 작은 꽃밭. "○○에 함부로 들어가지 마라."

세로 뜻풀이

2 틀림없는데 다시 한번 알아보는 것. 횡단보도를 건널 때는 꼭 좌우를 ○○해야 해요.

3 사람들이 공동으로 이용하는 장소.

4 살아 있는 동안. 일생이라고도 말해요. 자나 깨나 할아버지의 ○○ 소원은 남북통일이에요.

6 손에 들고 다니면서 통화할 수 있는 전화기.

공부한 날 _____월 _____일 _____요일

정답은 24쪽에 있어요!

가로 뜻풀이

1 나무로 만든 젓가락.
3 어떤 일이 일어나는 곳. "약속 ○○가 변경되었어."
5 여러 사람을 대신해 앞에 나서는 사람. "미진이가 우리 반 ○○로 발표했어."
6 발을 다치지 않게 하려고 신어요. 샌들, 부츠, 운동화 같은 것.

세로 뜻풀이

2 갑자기 세차게 쏟아지다가 금방 그치는 비. ㈜ 소낙비
4 물건의 가격을 알 수 있게 붙여놓은 표.
7 발 앞쪽에 5개로 갈라져 나눠 있는 부분. ㈜ 손가락

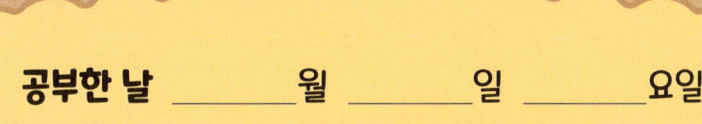 공부한 날 _____월 _____일 _____요일

정답은 24쪽에 있어요!

가로 뜻풀이

1 움푹 파여 물이 괴어 있는 곳. 운동장에 빗물로 군데군데 ○○○가 생겼다.

3 식물에서 꽃이 진 자리에 맺히는 것. 꽃이 수정한 뒤 씨방이 자란 것으로 안에는 거의 씨가 들어 있어요.

4 어떤 일을 하기에 알맞은 시기. 절호의 ○○

6 다른 학교로 옮기는 것. 우리 반에 오늘 ○○온 친구가 있어요.

8 어떤 일을 실제로 겪어 보는 것. ㉭ 체험

세로 뜻풀이

2 갈매깃과의 물새. 날개 길이 34~39cm의 중형 갈매기로 몸의 색깔은 흰색이며 고양이처럼 울어요.

5 한 점을 중심으로 빙빙 도는 것. 체조 경기에서도 많이 볼 수 있어요. 공중 3 ○○

7 볼록 렌즈를 써서 멀리 있는 것을 크고 또렷하게 볼 수 있게 만든 물건. 갈릴레이는 1609년 천체 ○○○을 만들었고, 이것으로 하늘을 살펴보고 나서 지동설을 주장했어요.

공부한 날 _____월 _____일 _____요일

정답은 24쪽에 있어요!

가로 뜻풀이

1 겨울에 까치 등의 새들이 먹을 수 있게 따지 않고 몇 개 남겨 두는 감. 늦가을 감나무에는 ○○○이 매달려 있었다.
3 목적한 일을 이루어 내는 것. 실패는 ○○의 어머니.
5 가지나 잎이 실같이 변하여 다른 물체를 감아 줄기를 지탱하는 가는 덩굴. ⓑ 넝쿨손

세로 뜻풀이

1 어떤 일이 일어난 이유나 내용. 민지는 아무 ○○도 없이 화를 냈다.
2 무, 배추, 오이 등의 야채를 소금에 절이고 양념하여 버무려 발효시킨 반찬. 배추○○ 등 종류가 다양해요.
4 물건을 만들거나 수리하는 곳. 자동차 ○○
6 눈, 코, 입이 있는 머리의 앞면. "은서는 ○○이 참 동그랗고 예뻐."
7 가지고 다닐 수 있는 작은 전등. 건전지를 넣으면 불이 켜져요.

공부한 날 ____월 ____일 ____요일

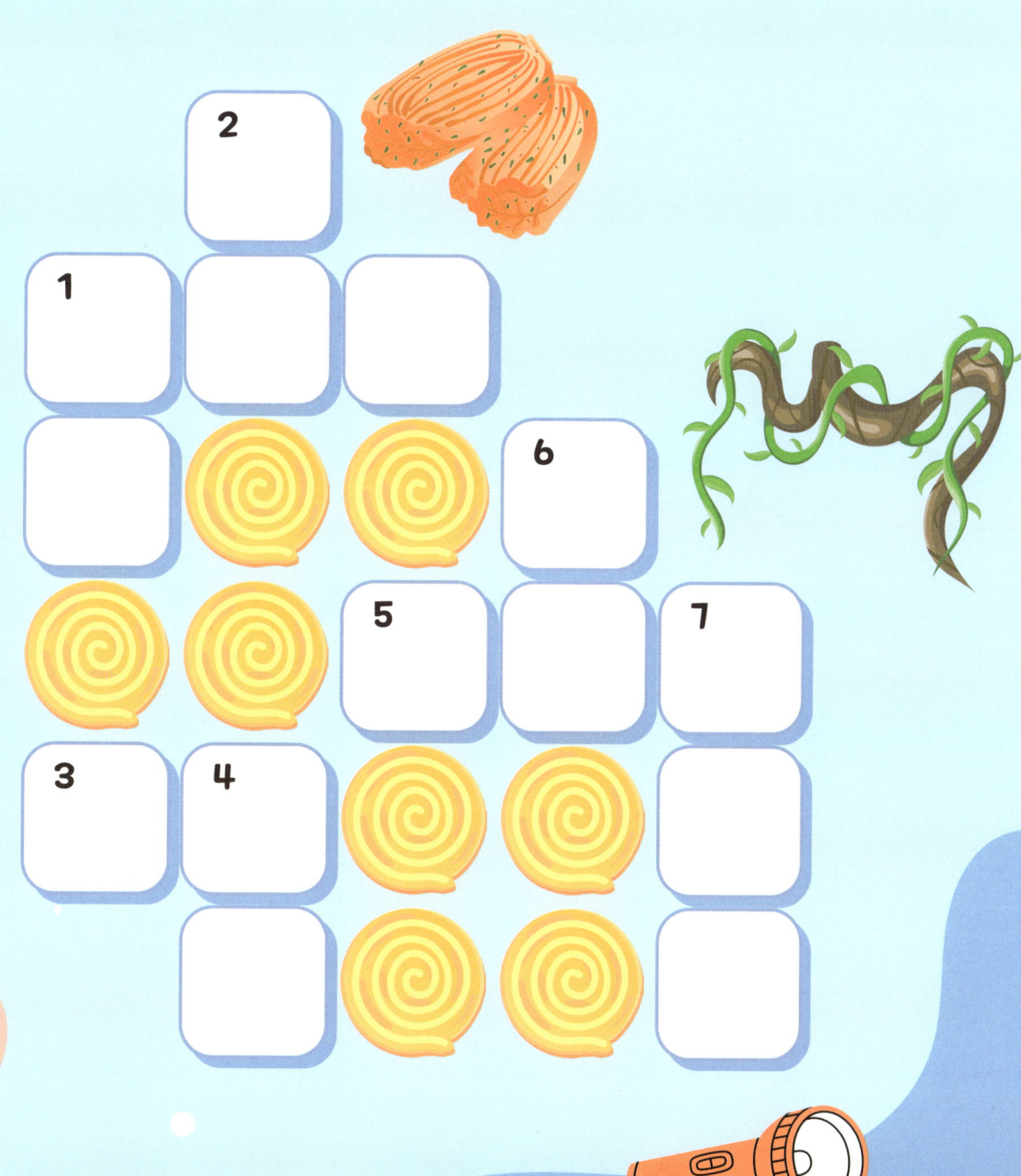

정답은 24쪽에 있어요!

가로 뜻풀이

1 겨울철 밤하늘의 한가운데에서 볼 수 있는 별자리. 쌍둥이 형제가 다정하게 어깨동무하고 있는 모습이라고 해요.
2 낮 12시부터 밤 12시까지를 이르는 말. 반 오전
5 집안 살림이 넉넉하지 못하고 쪼들림. 반 부, 풍요 비 빈곤

세로 뜻풀이

2 오빠와 여동생을 같이 부르는 말. 비 남매
3 어린아이를 재우기 위해 잠자리에서 들려주는 노래. 엄마는 동생을 업고 ○○○를 불러주었다.
4 일을 맡아서 함. 지역 도서관은 시에서 ○○해요.
6 완전히 다 이룸. 반 미완성

공부한 날 ____월 ____일 ____요일

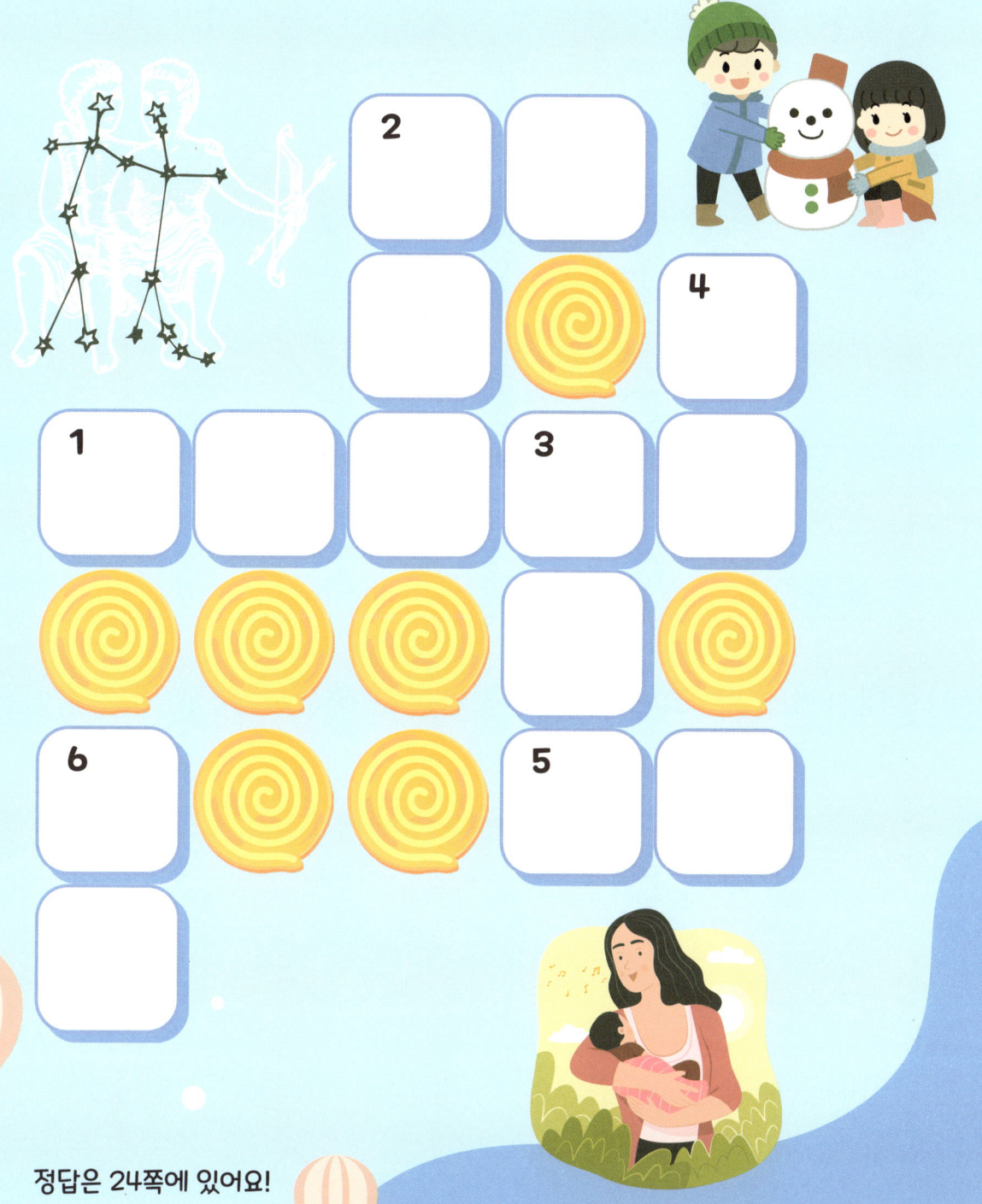

정답은 24쪽에 있어요!

가로 뜻풀이

1 생각한 일을 실제로 하는 것. 결심을 ○○으로 옮기다.

3 제주도에선 할머니를 이렇게 불러요. 선문대 ○○

4 사람이나 동물, 식물이 살아가는 데 영향을 주는 주변 상황. 쓰레기를 함부로 버리면 ○○오염의 원인이 돼요.

6 흥부전에 나오는 주인공 중 한 명인 흥부의 형으로 마음씨가 나쁘고 심술궂은 인물이에요. 흥부와 ○○

세로 뜻풀이

2 별자리나 달 등의 천체를 관찰하기 위한 목적의 망원경. 1609년 갈릴레이가 발명했어요.

5 다른 것에 비하여 특별히 눈에 띄는 점. "우리 집 강아지의 ○○은 눈에 점이 있어."

6 아이들이 모여서 놀 수 있도록 미끄럼틀, 시소, 그네를 갖추어 놓은 곳.

7 흥부전에 나오는 주인공. 착하고 고운 마음씨를 가져 나중엔 큰 부자가 되었어요.

공부한 날 ____월 ____일 ____요일

정답은 24쪽에 있어요!

가로 뜻풀이

1 물방갯과의 곤충. 둥글넓적하게 생겨 뒷다리가 길고 크며 털이 많아 헤엄을 잘 쳐요.

3 가자미목에 속하는 물고기의 총칭. 긴 타원형의 납작한 생선으로 두 눈은 오른편에 몰려 붙어 있고 몸이 넙치보다 작은 바닷물고기.

6 어떤 내용을 사람들에게 알려주기 위해 쓴 글. 게시판에 ○○○이 붙어 있다.

세로 뜻풀이

1 쓸모 있는 물건이나 제품.

2 개울의 가장자리. "○○○에 올챙이 한 마리~"

4 어떤 일을 대하는 마음가짐이나 태도.

5 풍부한 식이섬유로 섭취하면 건강에 도움을 주는 채소. 설거지할 때 그릇을 씻는 데 쓰기도 해요.

6 위험이 생기거나 사고가 날 염려가 없는 상태. 반 불안전

공부한 날 _____월 _____일 _____요일

정답은 24쪽에 있어요!

놀이터

그림에 사용된 색과 같은 색을 연결해 보세요.

정답은 24쪽에 있어요!

겹받침이 있는 낱말의 뜻을 생각하며 알맞은 그림을 찾아보세요.

굵다 •   •

핥다 •   •

앉다 •   •

닮다 •   •

정답은 126쪽에 있어요!

알쏭달쏭 퀴즈를 풀어 보세요.

1 꿀을 만드는 곤충은 무엇일까요?

① 개미
② 나비
③ 벌
④ 파리

2 식물의 뿌리는 어떤 일을 할까요?

① 웃게 한다
② 물과 영양분을 흡수한다
③ 날게 한다
④ 향기를 낸다

3 우리가 숨 쉬는 데 꼭 필요한 기체는 무엇일까요?

① 이산화탄소
② 산소
③ 수소
④ 질소

4 과일 중 나무에서 자라는 것은?

① 수박
② 참외
③ 사과
④ 딸기

정답 : 1-③, 2-②, 3-②, 4-③

엄마 닭이 아기 닭을 찾아갈 수 있도록 바르게 쓴 낱말을 따라가며 미로를 빠져나가 보세요.

정답은 126쪽에 있어요!

정답

가로 뜻풀이

1 버려진 반려견, 주인 없이 길을 떠도는 개를 말해요.
3 형제 사이의 정과 사랑. 이웃 할머니는 우리 형제를 보며 ○○가 좋다고 말씀하세요.
4 뒤쪽의 다른 말. ⓑ 후편
5 벗어날 수 없는 상황이나 계략. ○○에 빠지다.
6 어떤 일이 일어난 곳. ○○ 답사, 사건 ○○

세로 뜻풀이

2 뿌리와 잎을 이어주며 양분을 전달하는 식물의 한 부분. 고구마 ○○는 식재료로 사용해요.
3 벽이나 대문에 편지 등의 배달되어 온 우편물을 넣게 한 작은 상자.
7 말이나 글에서 완결된 내용을 나타내는 최소 단위. ○○의 끝에는 마침표를 찍어야 해요.

공부한 날 _____월 _____일 _____요일

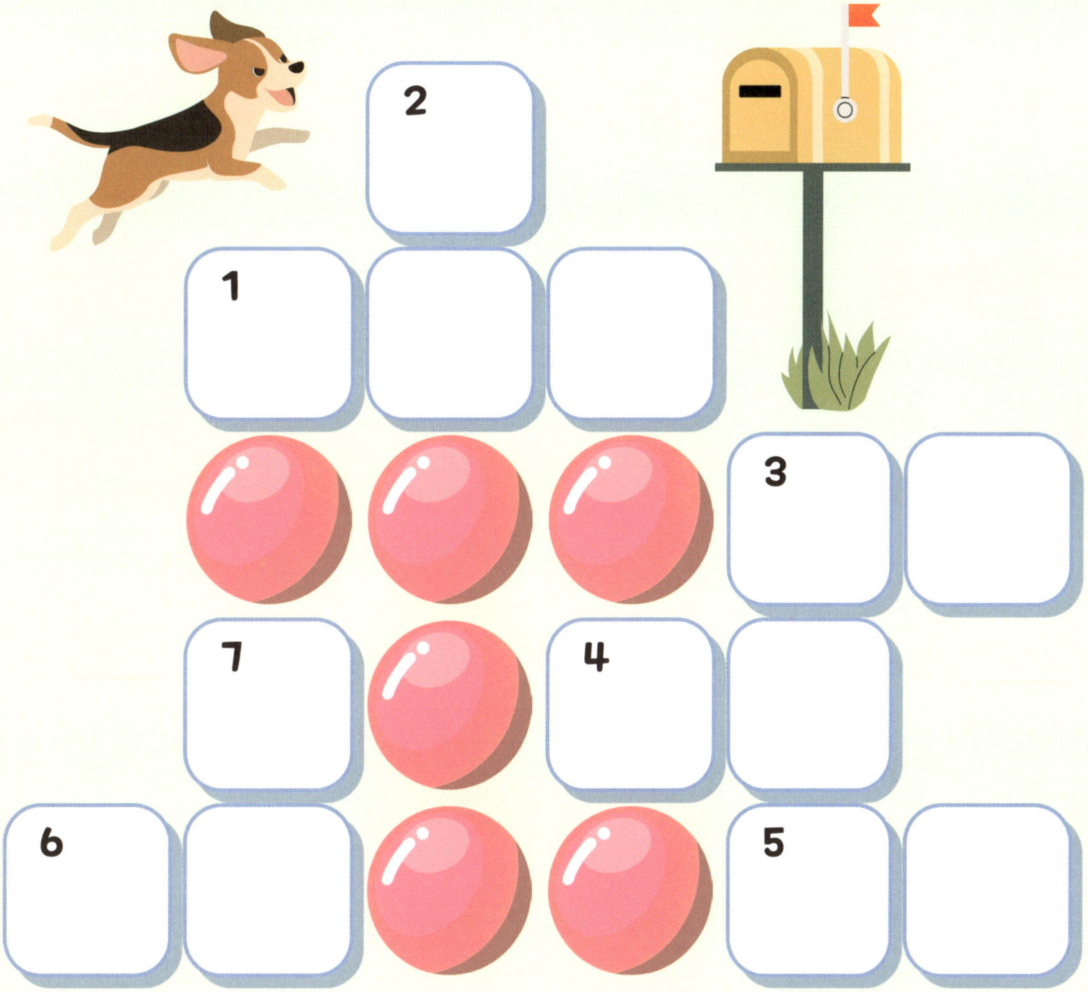

정답은 44쪽에 있어요!

가로 뜻풀이

1 나라나 사회 또는 남을 위하여 대가 없이 자발적으로 참여하여 힘을 다해 애쓰는 모든 활동. 사회 ○○○○, 연탄 ○○○○
4 기계나 기구 등이 제대로 작동하지 않는 상태.
6 위험에 빠진 사람이나 물건을 구하는 사람들을 말해요.
7 형제자매 사이에서 나이가 적은 사람. 🖐 아우

세로 뜻풀이

1 편지나 서류 등을 넣는 종이로 만든 주머니. 편지○○
2 활, 총, 로켓 따위를 쏘는 것. 우주를 향해 로켓을 ○○했다.
3 몸을 움직이는 것. 🖐 행동
5 남의 말에 덩달아 말하거나 부추기는 일. 만화영화를 보겠다는 내 말에 오빠도 ○○○를 쳤다.
8 몸을 움직여 어떤 일을 하는 것. 횡단보도를 건널 때 스마트폰을 사용하는 것은 위험한 ○○이에요.

공부한 날 _____월 _____일 _____요일

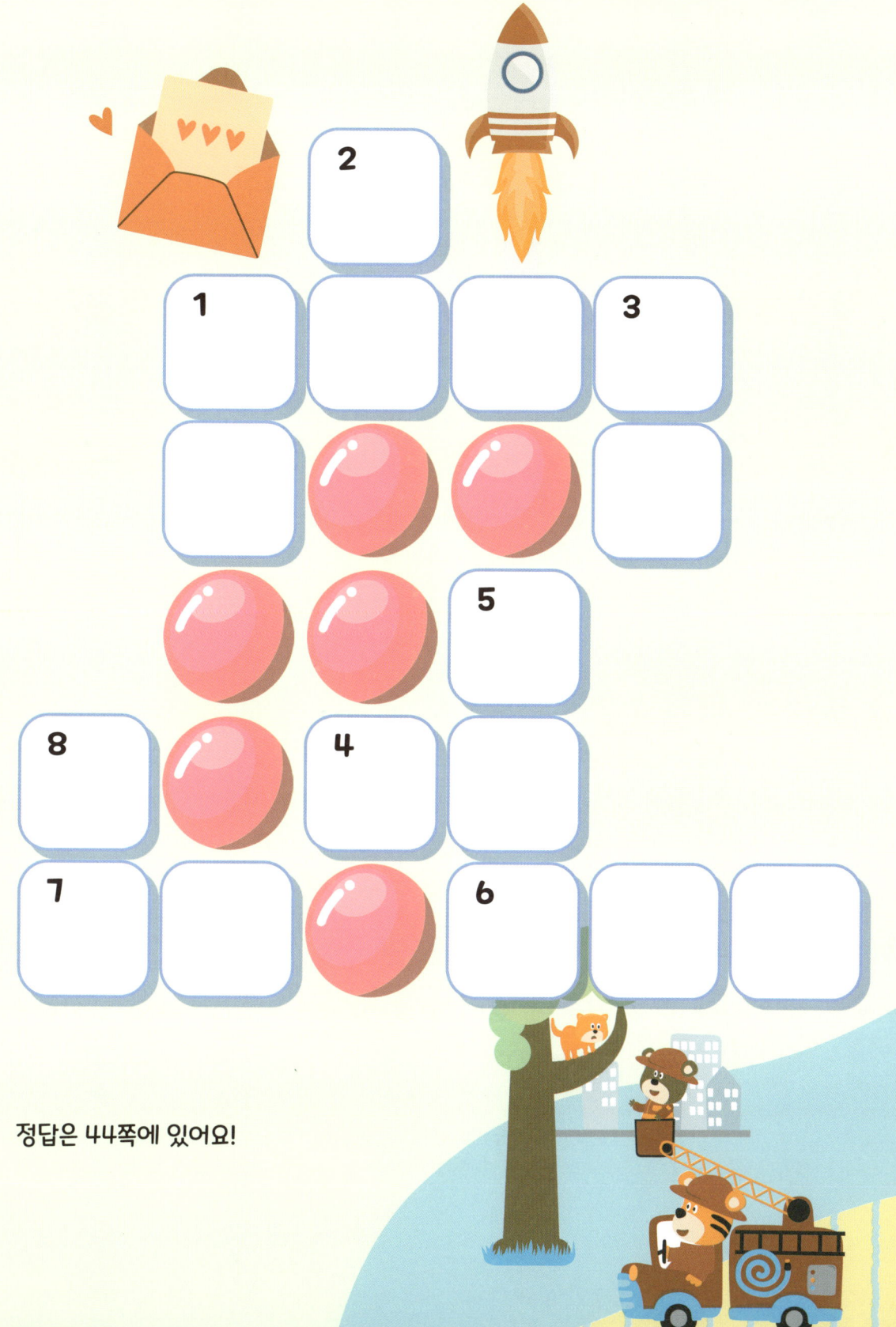

정답은 44쪽에 있어요!

가로 뜻풀이

1 나이 든 여자를 높여 정답게 가리키거나 부르는 말. 옆집 ○○○○는 참 좋은 분이시다.

2 운율에 맞춰 소리 내 읽는 것. 친구들은 자신이 지은 자작시를 ○○했어요. ㈘ 낭독

3 그림을 그리는 데 쓰는 종이. 주로 흰색이며, 조금 도톰해서 물감으로 그려도 찢어지지 않고 튼튼해요.

5 대상을 필요에 따라 이롭게 씀. ㈘ 사용

세로 뜻풀이

1 작은 별을 귀엽게 이르는 말.

2 깎아지른 듯한 언덕. ㈘ 절벽

4 따뜻하거나 차가운 정도. 물은 100℃로 ○○가 올라가면 끓어요.

5 나뭇잎에 겨우 이슬이 맺히게 할 정도로 아주 가늘게 내리는 비. 가랑비보다 가늘어요.

공부한 날 ____월 ____일 ____요일

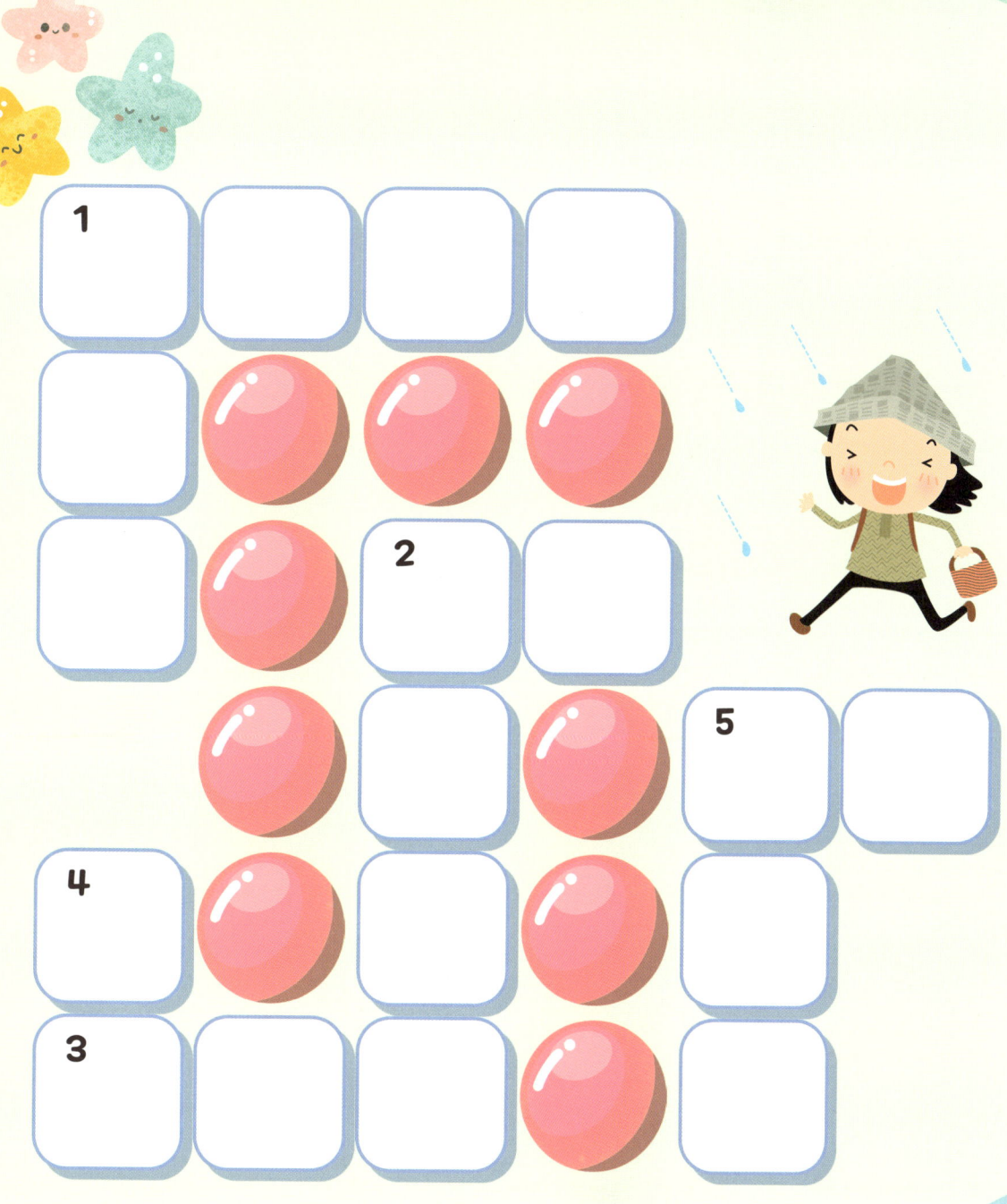

정답은 44쪽에 있어요!

가로 뜻풀이

1 친구 어깨에 팔을 가지런히 얹는 것. "경혜랑 ○○○○를 하고 집에 와서 기분이 좋았어."
3 한 번만 쓰고 버리게 만든 물건. 이것이 많아지면 지구가 아파요.
6 얼굴에 드러나는 여러 가지 감정. 안 좋은 일이 있으신지 엄마 ○○이 몹시 어두웠다.

세로 뜻풀이

1 4, 5세부터 초등학생까지의 아이. 반 어른
2 운동 경기를 하는 넓은 마당. 학교에 이것이 없다면 축구를 어디서 하지?
4 여럿이 모여 의견을 교환하며 의논하는 것. 학급○○, 가족○○
5 못 쓰거나 낡은 물건을 다르게 고쳐 바꾸어서 다시 사용하는 것.
6 생각이나 느낌을 말, 글, 몸짓으로 나타냄.

공부한 날 _____월 _____일 _____요일

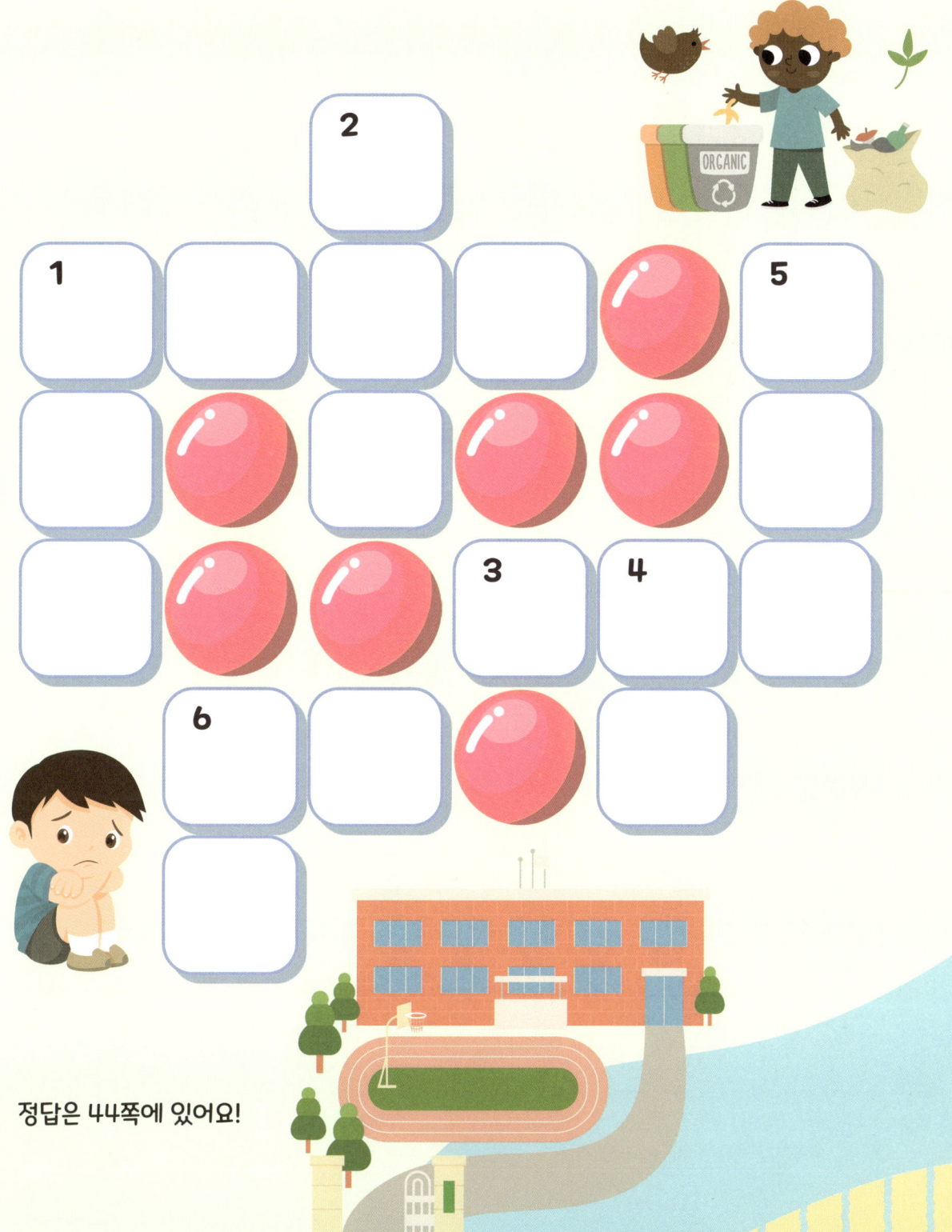

정답은 44쪽에 있어요!

가로 뜻풀이

1 해가 서쪽으로 지기 시작하거나, 그런 때를 가리키는 말.

3 소식이나 말, 물건 등을 다른 사람에게 전하는 것. "이 쪽지를 수민이에게 ○○해 줘.'

4 어떤 일이 잘못될까 불안하고 안심이 되지 않아 속을 태우는 것. ㉠ 안심, 안도

7 행동이 들뜨지 않고 차분함. ㉠ 덤벙대다

세로 뜻풀이

2 풀이나 나무가 잘 자라게 흙에 뿌리거나 섞어 주는 것. 옛날에는 짚, 똥오줌 같은 것을 썩혀서 만들었어요.

3 작품을 한곳에 놓고 여러 사람에게 보여주는 일. 교실에는 우리 반 친구들이 그린 그림이 ○○되어 있다.

5 흐트러진 것을 가지런히 바로잡는 것. ○○정돈하는 습관.

6 서로 다른 두 개의 자음으로 이루어진 받침. 'ㄳ', 'ㄵ', 'ㄺ', 'ㄻ', 'ㄼ', 'ㄿ', 'ㅄ' 등이 있어요.

공부한 날 _____월 _____일 _____요일

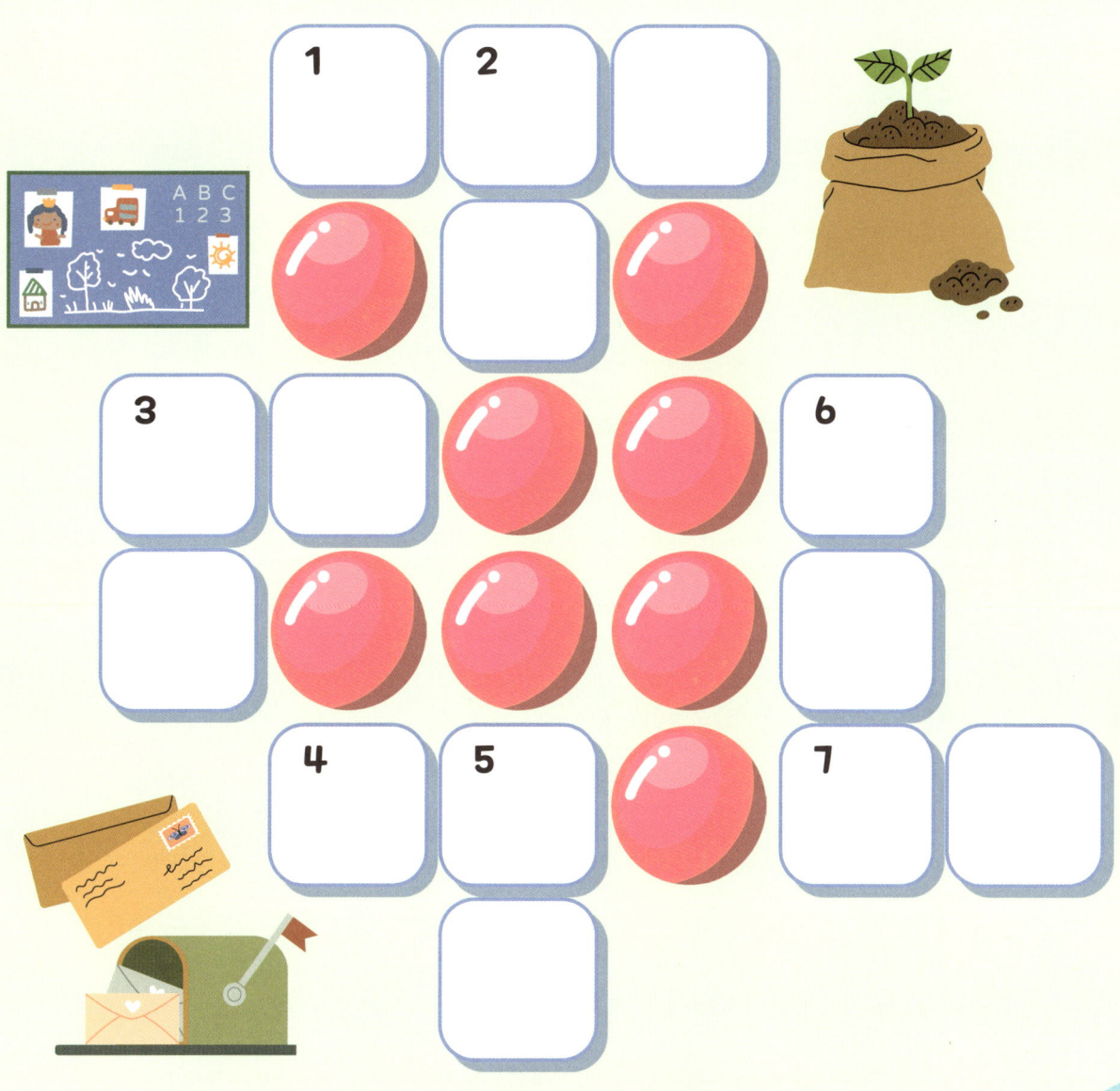

정답은 44쪽에 있어요!

가로 뜻풀이

1 동네 안쪽에서 이리저리 통하는 좁은 길. 늦은 밤 ○○○은 혼자 다니면 위험해요.
2 나룻배가 도착하거나 떠나는 곳.
4 사실처럼 속여서 말하는 것을 말해요. ㊙ 참말
5 사람이나 짐승이 여럿이 한데 모여서 떼를 이루는 것.

세로 뜻풀이

1 일부러 남을 곤란에 빠지게 하는 일. "나를 ○○먹이려고 꾸민 짓이지?"
2 나가고 들어오는 길목을 가리키는 순우리말. 고속도로와 일반 도로가 만나는 교차로.
3 사람이나 차가 많이 다니는 길. ○○○에 나와 노는 것은 위험해요.

공부한 날 _____월 _____일 _____요일

정답은 44쪽에 있어요!

가로 뜻풀이

1 물을 입에 머금어서 볼 안을 깨끗이 씻는다는 뜻의 토박이말.
2 학교에서 점심시간에 음식을 제공하는 일.
4 말하거나 웃을 때 볼에 움푹 들어가는 자국. 비 볼우물

세로 뜻풀이

1 볼에 팬 우물이라는 뜻. 비 보조개
3 광합성을 통해 스스로 양분을 생산하고, 옮겨 다니지 않고 한자리에서 자라는 생물. 햇빛은 ○○의 성장에 직접적인 영향을 끼쳐요.
4 물건을 잘 맡아서 관리함. 물품 ○○함
5 어떤 부분을 특별히 강하게 주장함.

공부한 날 _____월 _____일 _____요일

정답은 44쪽에 있어요!

놀이터

모자와 어울리는 옷을 찾아 연결해 보세요.

정답은 44쪽에 있어요!

모양을 나타내는 말을 이용해 문장을 완성해 보세요.

> 보기
>
> 조롱조롱   꼬불꼬불   동글동글

땅속에서 (　　　　) 열매를 맺었구나.

덩굴손이 (　　　　) 쭈욱

(　　　　) 잎이 연못위에 동동

소리를 나타내는 말을 이용해 문장을 완성해 보세요.

> 보기
>
> 딸랑딸랑   사각사각   우수수

나뭇잎이 (　　　　) 떨어진 걸까?

고양이 목에서 (　　　　) 소리가 나

(　　　　) 눈밟는 소리가 참 좋아요.

정답은 126쪽에 있어요!

맞다 / 맡다

'맞다'는 옳거나 정답이거나, 꼭 들어맞는 것.
'맡다'는 어떤 일이나 역할을 책임지거나, 물건을 잠시 보관하는 것.

바른 쓰임새를 알아보며 따라 써 보세요.

 맞다

이 옷은 나한테 잘 <u>맞아요</u>.

 맡다

화장실 가는 친구의 가방을 <u>맡아주었어요</u>.

그림에 있는 글을 읽고 〈보기〉에서 적당한 낱말을 찾아 써 보세요.

 보기

기쁘다, 신난다, 떨린다, 든든하다, 재미없다

오늘은 학부모 공개수업이 있는 날. 교실에서 수업하는 모습을 아빠, 엄마가 오셔서 지켜보는 날이에요. 한 명씩 발표하는데 내 차례가 되었어요. 심장이 콩닥콩닥. 지금의 내 기분은 어떨까요?

정답 : 떨린다

정답

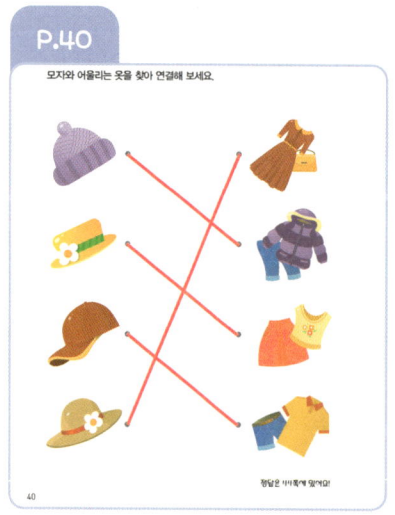

3단계

- 낱말퍼즐 1
- 낱말퍼즐 2
- 낱말퍼즐 3
- 낱말퍼즐 4
- 낱말퍼즐 5
- 낱말퍼즐 6
- 낱말퍼즐 7
- 놀이터 1
- 놀이터 2
- 놀이터 3
- 놀이터 4
- 정답지

가로 뜻풀이

1 사람을 태우거나 물건을 실어 오르내리는 기계. 주로 높은 건물에 설치하며, 엘리베이터라고 불러요.

3 어떤 일이나 생각을 여러 사람에게 널리 알리는 것. 합격자 ○○

4 폭이 좁고 고요한 길. 숲속 ○○○을 걸으며 산책을 했어요.

6 이야기의 자잘한 부분을 빼고 뼈대가 되는 내용. 읽은 책의 ○○○를 써 보세요.

세로 뜻풀이

2 준결승전을 통과한 두 팀이 최후의 승리자를 가리는 경기.

4 족제빗과에 속한 동물. 야행성으로 작은 귀, 뭉툭한 주둥이, 얼굴에 나 있는 검고 흰 줄무늬가 특징이에요.

5 물건의 한끝에서 다른 한끝까지의 거리. 새로 산 바지 ○○가 길어서 줄였다.

7 굵고 튼튼하게 꼰 줄. 오누이는 ○○○을 잡고 하늘로 올라갔다.

공부한 날 _____월 _____일 _____요일

정답은 64쪽에 있어요!

가로 뜻풀이

1 딱지를 땅바닥에 놓고 다른 딱지로 쳐서 바닥의 딱지가 뒤집히면 따먹는 아이들 놀이.

3 나무 이파리. 옛날에는 천천히 마시라는 의미에서 물 위에 ○○○을 띄워 줬어요.

4 불에 구워 익힌 밤.

6 남의 마음을 알아챌 수 있는 재주. "영희는 ○○가 빠른 아이야."

세로 뜻풀이

2 특별하거나 뜻깊은 일을 오래도록 잊지 않고 마음속에 간직하는 것을 말해요. 개교 ○○일, 결혼 ○○일

3 일정한 땅과 거기에 사는 사람들로 구성. 비 국가

5 밤알을 싸고 있는 두꺼운 겉껍데기. 가시가 많이 나있고 밤이 잘 익으면 네 갈래로 벌어져 밤알이 떨어져요.

6 눈에서 흐르는 물.

공부한 날 ____월 ____일 ____요일

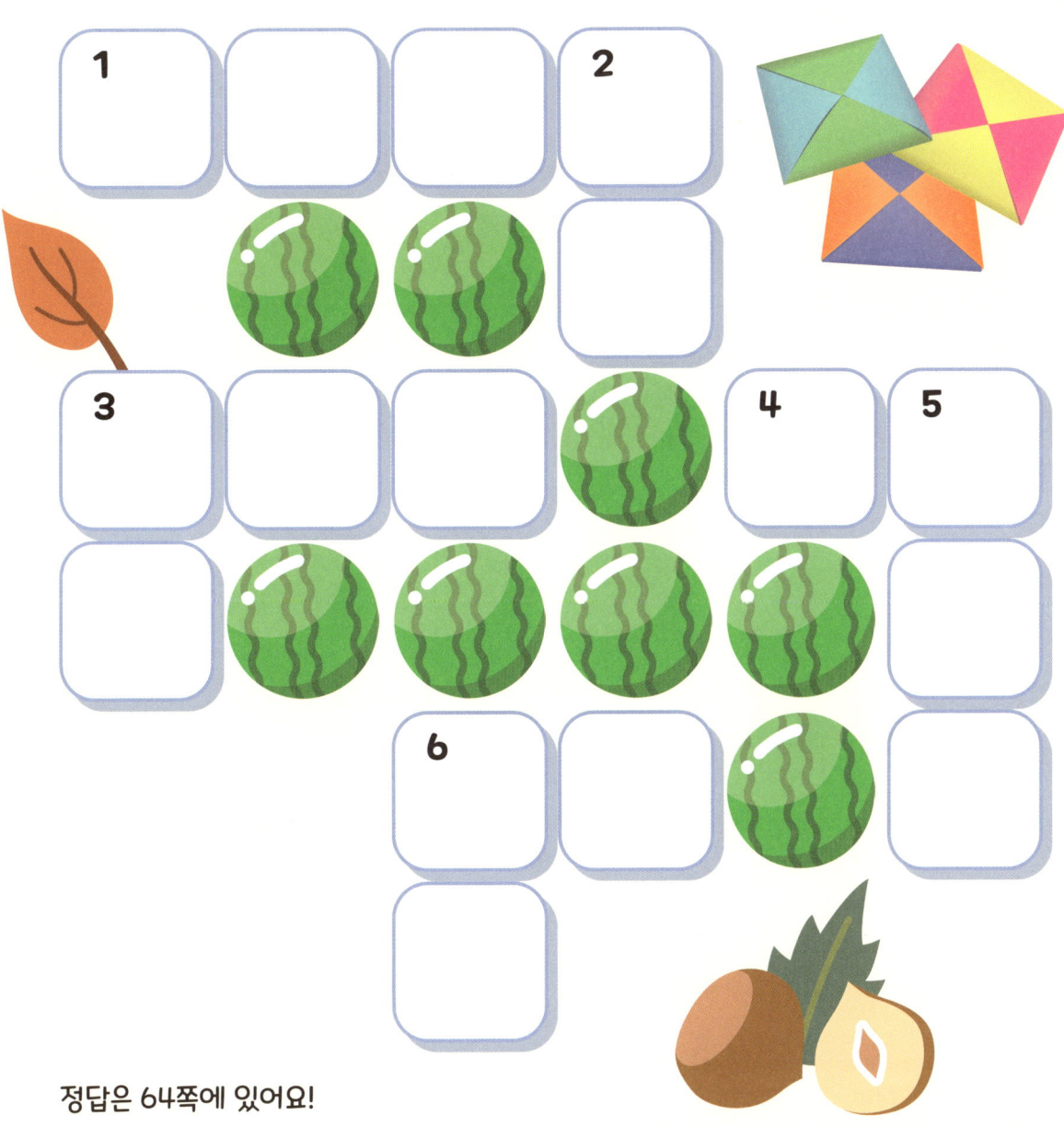

정답은 64쪽에 있어요!

가로 뜻풀이

1 사람이 눕거나 앉을 수 있는 장소. 빈○○ 🔵 곳

3 그 사람의 몸 또는 바로 그 사람을 이르는 말. 스스로 자기 ○○을 돌봐야 해요. 🔵 본인

4 동물의 꽁무니나 몸뚱이의 뒤 끝에 길게 나온 부분. 우리 집 강아지는 퇴근하는 아빠를 보면 항상 ○○를 흔들어요.

5 임진왜란 때 이순신 장군이 만들어 왜군을 무찌르는 데 크게 활약한 거북 모양의 배.

7 어떤 일을 이룬 결과나 실적. 학교 ○○표

세로 뜻풀이

2 그리스 신화 속 거인 사냥꾼 오리온의 전설을 담은 별자리. 아르테미스 여신이 쏜 화살에 맞아 죽은 뒤 하늘에 올라 별자리가 되었다고 해요.

6 북극 가까이에 있고, 작은곰자리에서 가장 밝은 별.

8 물건을 넣도록 나무로 네모나게 만든 그릇인 '궤'를 말해요.

공부한 날 _____월 _____일 _____요일

정답은 64쪽에 있어요!

가로 뜻풀이

1 '가랑비'의 사투리. 가늘게 내리는 비.
3 밥 하나하나의 알. 옛날에는 풀 대신 어떤 것을 붙이는 데 쓰기도 했어요. ㉑ 밥알
4 고마움을 나타내는 인사. 물건을 배달해 주시는 택배 아저씨에게 항상 ○○한 마음을 갖고 있어요.
7 학용품을 파는 곳. 문방구라고도 해요.

세로 뜻풀이

1 배와 목 사이. 어머니는 아이를 ○○에 꼭 안았다.
2 고기, 나물 등의 여러 가지 반찬을 넣고 고추장으로 비벼 먹는 밥. 한국의 대표 음식 중 하나예요. 전주 ○○○
5 낱말의 뜻과 쓰임을 설명해 놓은 책. 모르는 낱말은 국어 ○○에서 찾아요.
6 모르거나 알고 싶은 것을 묻는 것. ㉑ 대답

공부한 날 _____월 _____일 _____요일

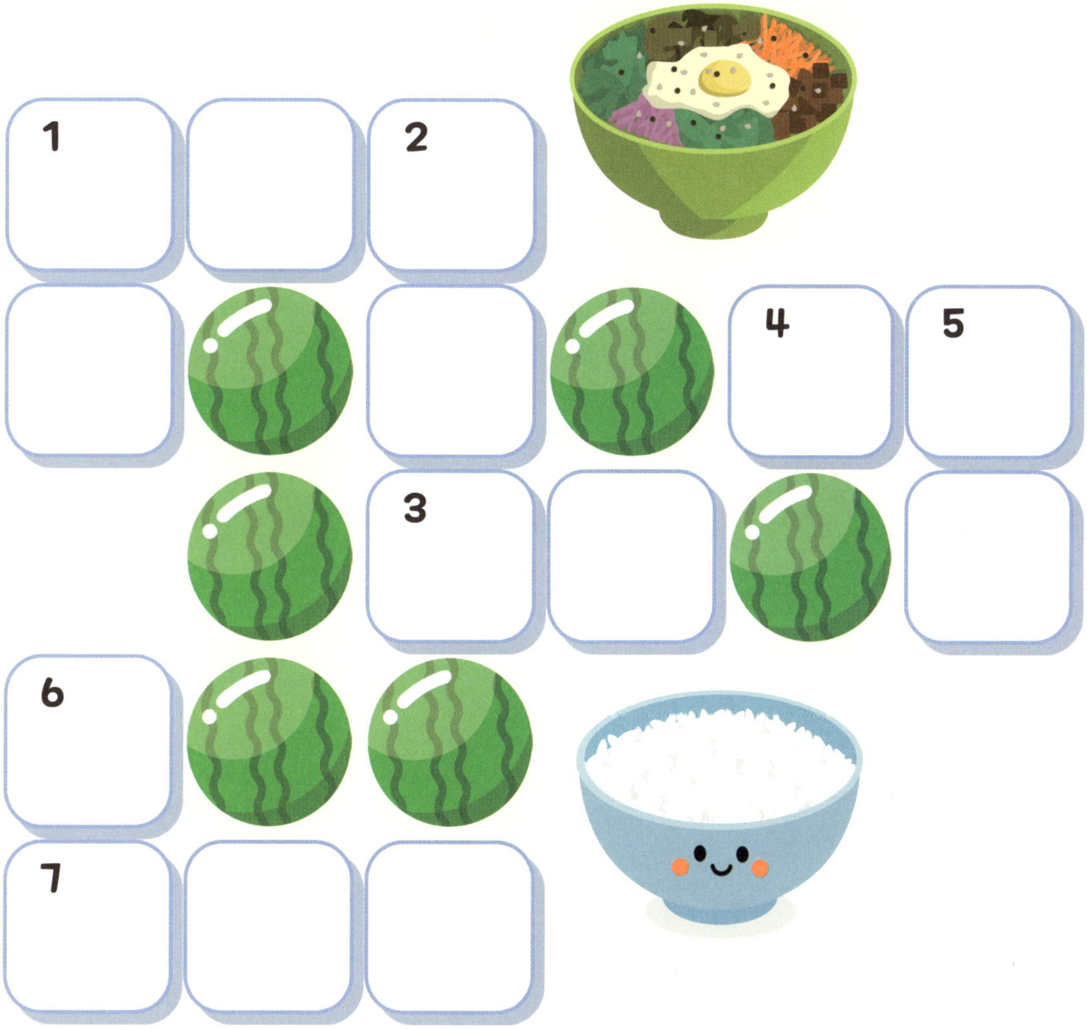

정답은 64쪽에 있어요!

53

가로 뜻풀이

1 도시에서 떨어져 있는 지역. 인구수가 적고 자연을 접하기 쉬운 곳을 말해요. ㉑ 도시
2 물장군과의 곤충. 한국에 서식하는 노린재류 중에서 가장 크고 몸길이가 무려 48~65cm 가량 된다고 해요.
4 사람이 먹기 위해 밭이나 논에서 키우는 쌀, 보리, 콩, 수수 같은 먹을거리.
5 개의 새끼. 또는 어린 자식이나 손자를 귀엽게 이르는 말.

세로 뜻풀이

1 시내에서 흐르는 물. "○○○은 졸졸졸졸~ 고기들은 왔다 갔다~"
3 장대처럼 굵고 거세게 좍좍 내리는 비.
6 신문 기사를 실은 종이. ○○○는 재활용이 가능해요.

공부한 날 _____월 _____일 _____요일

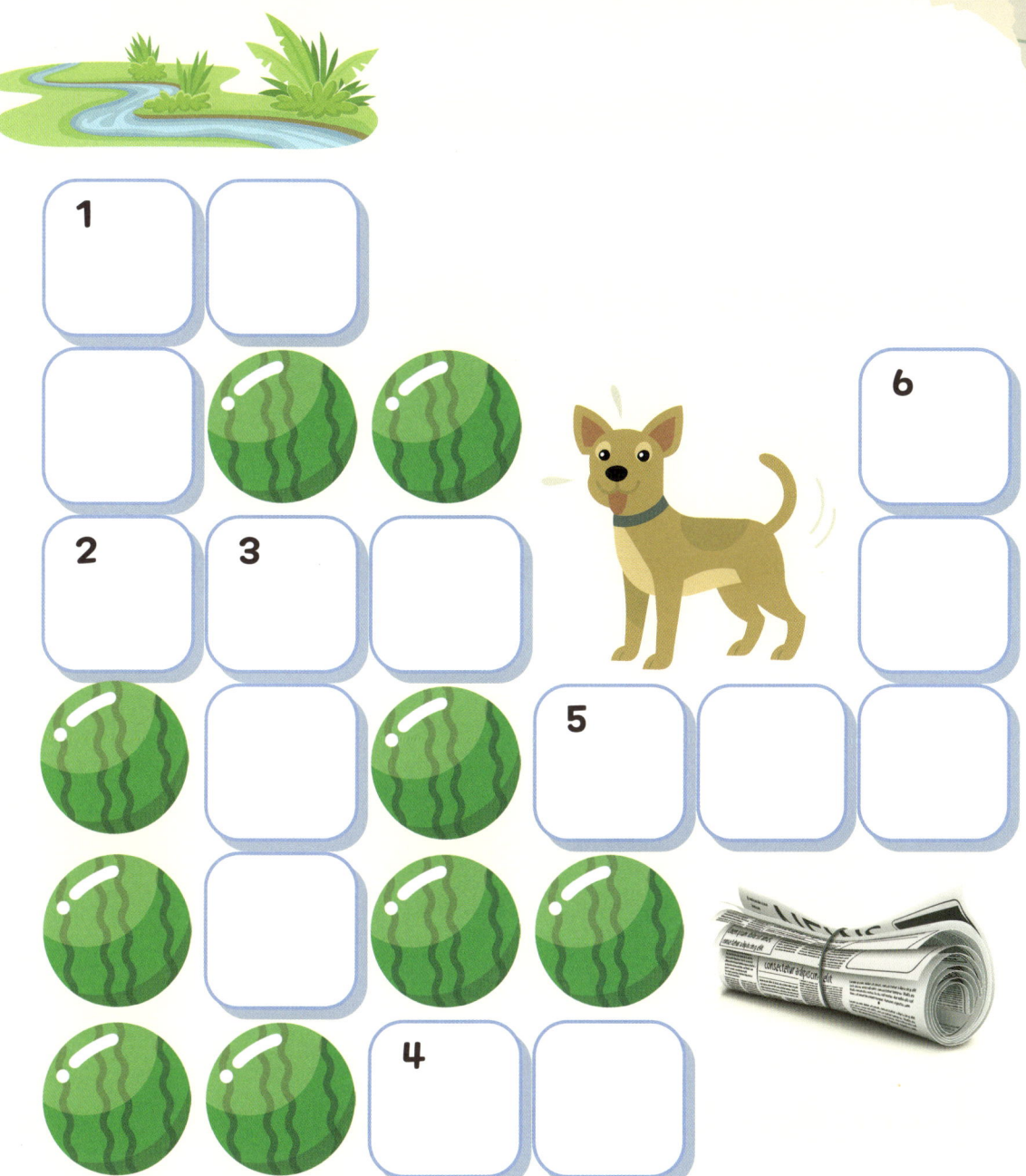

정답은 64쪽에 있어요!

가로 뜻풀이

1 색종이를 여러 갈래로 자르고 구부려 길쭉한 막대에 붙여서 바람이 불면 빙빙 도는 어린이 장난감의 하나.

3 물체의 밑부분. 교실 ○○에 앉아 공기놀이를 했어요.

4 둥글고 큰 머리에 꼬리로 물속을 헤엄쳐 다니는데, 자라면서 꼬리가 없어지고 네 발이 생겨 개구리가 돼요.

6 글, 그림, 영화 등을 보고 이해하고 평가함. 독서 ○○문

세로 뜻풀이

2 손의 안쪽. 손금이 새겨져 있어요.

5 나선형의 껍데기를 등에 지고 다니며 나무나 풀 위를 천천히 기어다니는 연체동물.

6 기쁨, 슬픔, 놀람 등을 마음속 깊이 느껴 표현하는 것. 동해의 해돋이는 저절로 ○○이 나올 만큼 장관이었다.

7 우리가 살고 있는 현재 사회. "내 꿈은 자전거를 타고 ○○ 곳곳을 다니는 거야." ㉥ 세계

공부한 날 _____월 _____일 _____요일

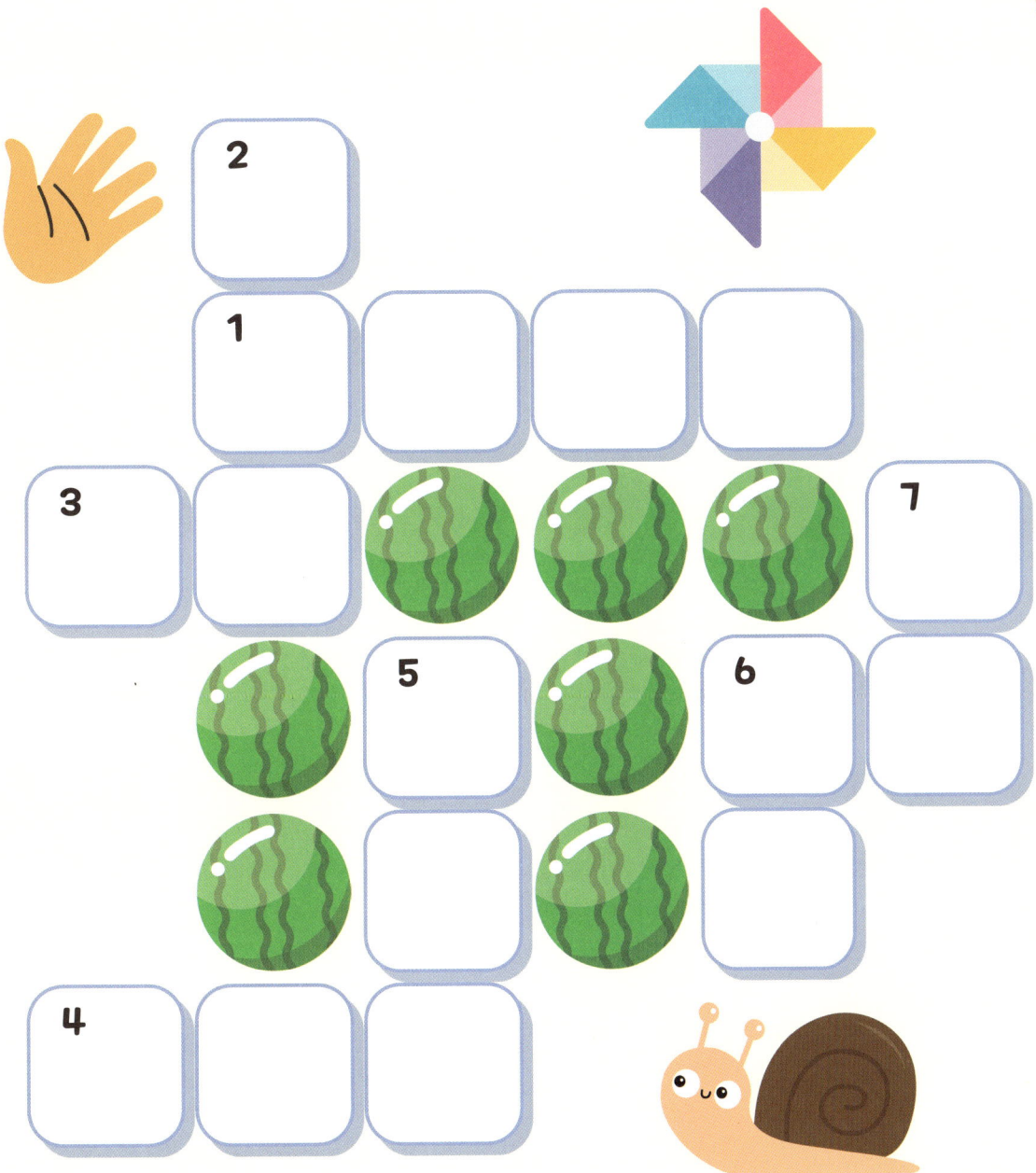

정답은 64쪽에 있어요!

가로 뜻풀이

1 가까이 두고 오래도록 친하게 지내온 사람. 소꿉 ○○

2 밤의 하늘. 별이 반짝이는 ○○○.

4 눈의 한가운데에 있는 빛이 들어가는 부분. 갈색, 푸른색 등 여러 가지 색이 있어요.

6 차갑게 느껴지는 비. 온몸에 ○○를 맞고 온 아이는 손에 감각이 없었다.

세로 뜻풀이

1 남을 대하는 태도가 정겹고 정성스러움. ㉕ 불친절

3 어제도 내일도 아닌 지금을 일컫는 말. "○○은 내 생일이야."

5 거북이랑 모양이 비슷한 동물. 딱딱하고 동근 등딱지 안에 머리와 목을 완전히 넣을 수 있고 물속에서 재빠름.

7 꼭 필요한 때에 알맞게 내리는 비. 오랜 가뭄 끝에 하늘에서 ○○가 내렸다.

공부한 날 _____월 _____일 _____요일

정답은 64쪽에 있어요!

귀여운 아이들과 맞는 그림자를 찾아보세요.

정답은 64쪽에 있어요!

쌍받침이 있는 낱말의 뜻을 생각하며 알맞은 그림을 찾아보세요.

탔다 •

묶다 •

낚다 •

꺾다 •

정답은 126쪽에 있어요!

알쏭달쏭 퀴즈를 풀어 보세요.

1. 밤에는 보이지 않지만, 낮에는 항상 하늘에 있는 것은 무엇일까요?

   ① 달
   ② 별
   ③ 구름
   ④ 태양

2. 소리가 나는 이유는 무엇일까요?

   ① 공기가 없기 때문
   ② 물이 움직이기 때문
   ③ 물체가 떨리기 때문
   ④ 햇빛이 비치기 때문

3. 바닷물은 짜지만, 강물은 짜지 않은 이유는 무엇일까요?

   ① 강에는 소금이 없기 때문
   ② 강이 더 깊어서
   ③ 바다보다 강이 더 깨끗해서
   ④ 강물은 하늘에서 바로 내려와서

4. 다음 중 물이 얼 때 나타나는 변화는 무엇일까요?

   ① 무게가 줄어든다
   ② 모양이 변하지 않는다
   ③ 부피가 커진다
   ④ 투명해진다

정답 : 1-④, 2-③, 3-①, 4-③

탐험가 친구들이 텐트를 찾아갈 수 있도록 바르게 쓴 낱말을 따라가며 미로를 빠져나가 보세요.

정답은 126쪽에 있어요!

정답

P.47

P.49
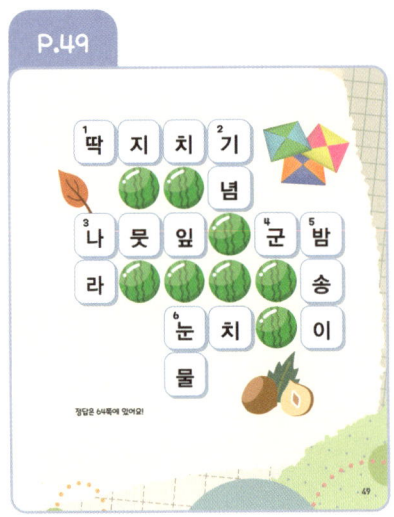

P.51

P.53

P.55

P.57

P.59

P.60

- 낱말퍼즐 1
- 낱말퍼즐 2
- 낱말퍼즐 3
- 낱말퍼즐 4
- 낱말퍼즐 5
- 낱말퍼즐 6
- 낱말퍼즐 7
- 놀이터 1
- 놀이터 2
- 놀이터 3
- 놀이터 4
- 정답지

가로 뜻풀이

1 한국형 발사체. 3차례 발사가 진행되었는데, 2022년 2차, 2023년 3차 발사가 성공적으로 이루어졌어요.

2 우리말을 표기하는 규칙. 받아쓰기는 ○○○과 띄어쓰기가 기본이에요.

4 마음을 놓지 않고 조심하는 것. 등산을 할 때에는 항상 ○○ 해야 해요. 반 부주의

6 모든 부분. 반 부분 비 모두

7 우리가 살고 있는 행성으로 물과 공기가 풍부해요.

세로 뜻풀이

3 어떤 일을 하는데 필요한 수단이나 방식. "이 문제를 해결할 좋은 ○○이 없을까?"

5 별주부 이야기. 자라와 토끼를 사람처럼 표현한 우화 소설이에요. 토끼전이라고 부르기도 해요.

7 이번 주의 바로 앞 일주일. "○○○ 금요일에는 뭐 하고 지냈어?"

공부한 날 _____월 _____일 _____요일

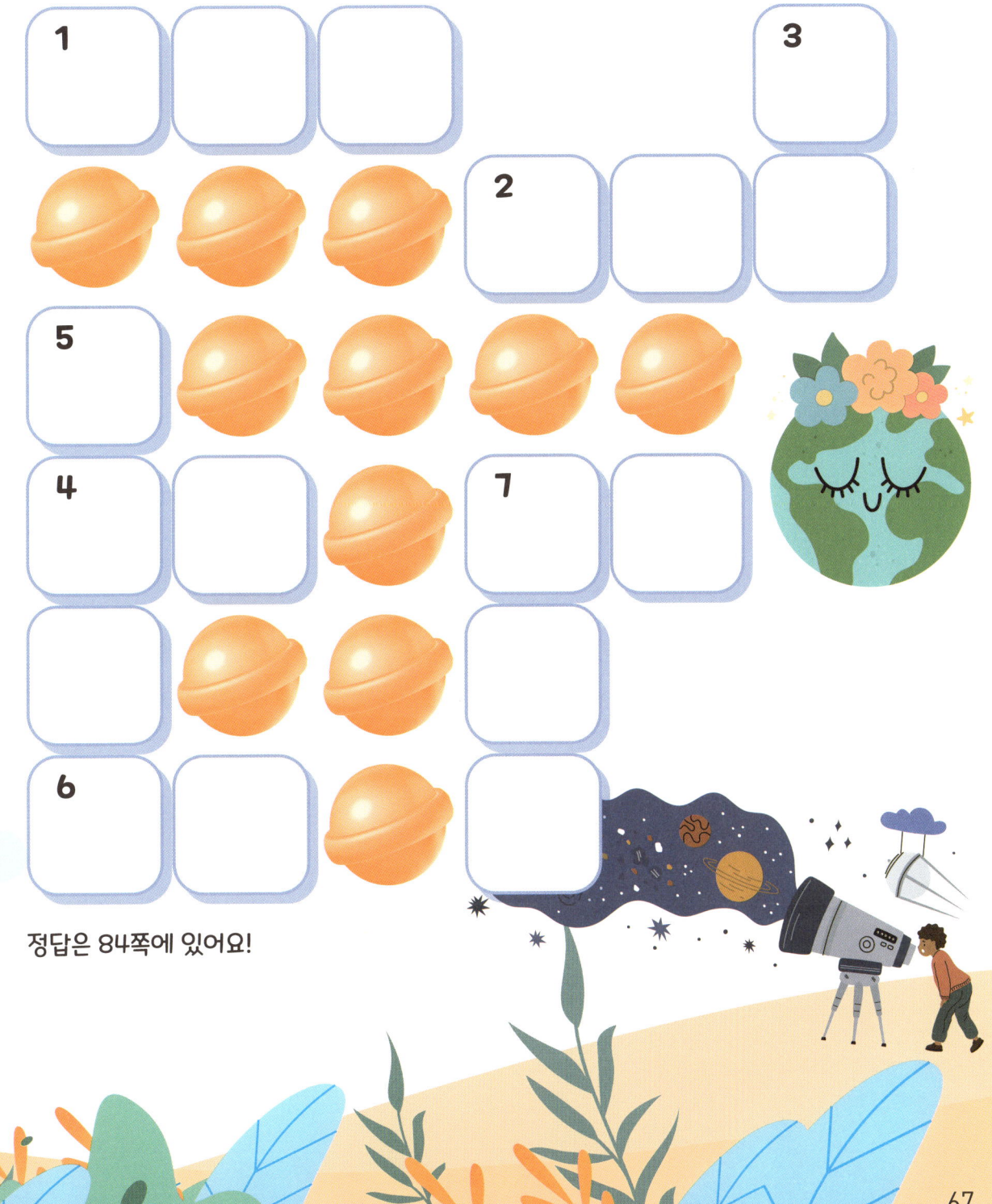

정답은 84쪽에 있어요!

가로 뜻풀이

1. 여러 사람에게 어떤 내용을 알려주려고 글이나 그림으로 써 놓은 판. 공사 ○○○, 교통 ○○○
2. 어떤 것을 좋아해서 마음이 끌리고 주의를 기울이는 것. ㊛ 무관심
4. 생물이 주위 환경과 조건에 맞추어 살아가는 것. 카멜레온은 주변 환경에 대한 ○○ 능력이 뛰어나다.
6. 돈을 저금하거나 빌리는 기관.

세로 뜻풀이

1. 모든 걱정을 떨쳐 버리고 마음을 편히 갖는 것. 녹색어머니들이 지키고 있어 ○○하고 횡단보도를 건넜어요.
2. 연극, 영화, 운동 경기, 미술품을 보면서 즐기는 것. 15세 이하 ○○불가.
3. 법원에서 옳고 그름을 따져 판단을 내리는 것.
5. 볕이 잘 들지 않는 그늘진 곳. ㊛ 양지
6. 고맙게 베풀어 주는 신세나 혜택. 스승의 ○○

공부한 날 _____월 _____일 _____요일

정답은 84쪽에 있어요!

가로 뜻풀이

1 건물 입구에 달린 출입문. 현관에 달린 문.
4 바닷물과 땅이 서로 닿은 곳이나 그 근처. 아빠와 손을 잡고 ○○○를 거닐었다.
6 우리나라 고유의 발효 식품. 찹쌀에 고춧가루 등을 섞어 발효시켜요.

세로 뜻풀이

2 일이나 물건을 주의하여 자세하게 살펴보는 것. 맑은 날 밤 달의 모습을 ○○하고 그 특징을 찾아보세요.
3 올해 바로 앞의 한 해. ㈂ 작년
5 손가락 가운데 제일 굵고 짧은 첫째 손가락.
7 상품에 대한 정보를 세상에 알림. "이번 신제품 ○○모델은 아이브래."
8 개구리가 사는 곳에서 자라고, 올챙이가 먹는 풀. 물 위에 떠다니며 자라서 부평초라고도 해요.

공부한 날 _____월 _____일 _____요일

정답은 84쪽에 있어요!

가로 뜻풀이

1 곤충강에 속한 머리, 가슴, 배로 나누어진 다리가 6개인 절지동물. 벌레라고도 하며 그 수가 많고 종류가 다양해요.
2 문을 열고 닫거나 잠그는 데 쓰기 위해 문에 다는 고리.
4 걱정거리. "사춘기인 우리 형은 항상 ○○이 많아."
5 서로 마주보고 이야기를 주고받는 것.

세로 뜻풀이

2 문의 틀에 맞춰 열거나 닫을 수 있게 끼워 넣은 넓은 판.
3 가장 좋거나 뛰어난 것. 으뜸인 것. "오늘 기분이 ○○로 좋아." ㉑ 최저
4 무엇을 움직이지 못하게 한곳에 붙이거나 박아 놓는 것. 삐걱거리는 의자에 못을 박아 ○○시켰다. ㉑ 이동
5 기술이나 재주를 겨루는 큰 모임. 그림 그리기 ○○, 어린이 글짓기 ○○

공부한 날 _____월 _____일 _____요일

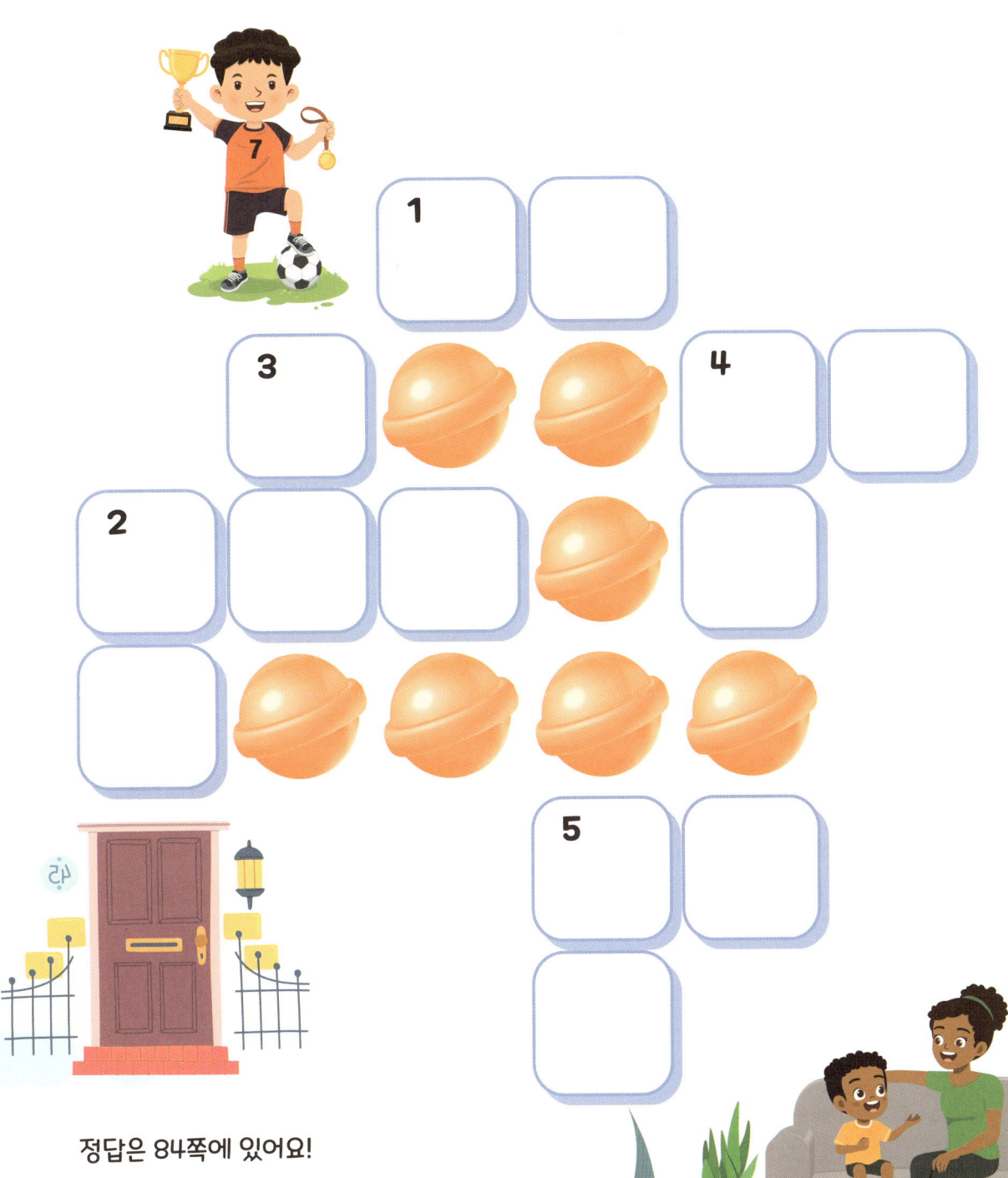

정답은 84쪽에 있어요!

가로 뜻풀이

1 환경 보호를 위해 앞장서는 단체. 전 세계의 환경을 보호하기 위해 적극적으로 활동하는 대표 활동 지킴이. 그린피스, WWF, 환경운동연합 등이 있어요.
4 학교에 다니며 공부하는 사람.
5 잘하기 위해 반복해서 익히는 일.
6 하루 동안 있었던 일이나 생각, 느낌을 써 놓은 글.
7 어떤 일을 머릿속으로 떠올리고, 판단하는 일. 인간은 ○○ 하는 동물이다.

세로 뜻풀이

2 일정한 규칙에 따라 누가 잘하는지 겨루는 것. 야구○○, 농구○○
3 교실 밖에서 체험을 중심으로 이루어지는 학습. "이번 현장 ○○○○은 통일전망대입니다."
5 연꽃을 심은 못. 크기가 작은 호수를 이렇게 불러요.
6 날마다, 평상시의 생활. 민지의 ○○○○은 특별할 게 없다.

공부한 날 _____월 _____일 _____요일

정답은 84쪽에 있어요!

가로 뜻풀이

1 비웃는 일. 또는 그렇게 웃는 웃음.

3 집안 방과 방 사이에 앉거나 걸어 다닐 수 있도록 만들었어요. 지금의 거실과 같아요.

5 사계절 중 세 번째 계절(봄 · 여름 · ○○ · 겨울). 열매가 익고 단풍이 물들며 '독서의 계절'이라고도 해요.

6 말이나 글의 뜻. "이 단어의 ○○는 무엇일까요?"

세로 뜻풀이

2 햇볕이 난 날 잠깐 오다가 그치는 비.

3 마음을 쓰는 태도. 민준이는 따뜻한 ○○○를 지녔다.

4 밀을 빻아 만든 가루. ○○○로 수제비를 만들어 먹었다.

7 흙을 한곳에 모으거나 모아서 쌓아놓은 더미. 산사태로 인해 집이 ○○○ 속에 묻혀 버렸다.

공부한 날 _____월 _____일 _____요일

정답은 84쪽에 있어요!

가로 뜻풀이

1 음식점에서 파는 음식의 종류와 가격을 적은 표. ㉑ 메뉴판
3 비, 구름, 바람, 기온으로 살펴보는 그날그날의 기상 상태.
4 고향을 떠나 다른 곳에 머물거나 떠도는 사람.
5 길이와 양을 재는 기준. 시, 분, 초는 시간을 나타내는 ○○예요.
7 여러 사람을 높여 이르는 말. 국민 ○○○

세로 뜻풀이

2 물 위에 띄워 어떤 표적으로 삼는 물건.
3 날의 차례. 무엇을 하기 위해 정한 날. "시험 ○○가 점점 다가와."
4 세상에 태어나서 살아온 햇수. '○○는 못 속인다'라는 속담도 있어요.
6 어떤 장소에서 느껴지는 기분. 공연장 ○○○를 뜨겁게 달구다.

공부한 날 _____월 _____일 _____요일

정답은 84쪽에 있어요!

그림에서 똑같은 열기구 두 개를 찾아 동그라미 해보세요.

정답은 84쪽에 있어요!

비슷한말을 찾아 선으로 이어 보세요.

생각하다 • • 서럽다

기쁘다 • • 떠올리다

슬프다 • • 즐겁다

작다 • • 조그맣다

반대말을 찾아 선으로 이어 보세요.

빠르다 • • 기뻐하다

길다 • • 어둡다

슬퍼하다 • • 느리다

밝다 • • 짧다

정답은 126쪽에 있어요!

맞추다 / 마치다

'맞추다'는 두 개 이상의 것을 비교하거나 조정하는 것.
'마치다'는 어떤 일을 끝내거나 완료하는 것.

바른 쓰임새를 알아보며 따라 써 보세요.

 맞추다

시계를 잘못 맞춰서 늦게 도착했어요.

_____

_____

 **마치다**

우리는 운동을 마치고 시원한 물을 마셨답니다.

_____

_____

그림에 있는 글을 읽고 <보기>에서 적당한 문장을 찾아 써 보세요.

 보기

① "미안해, 다음엔 꼭 같이 하자."
② "네가 오면 재미없어져."
③ "너 이 게임 못 하잖아."
④ "그냥 앉아 있어."

학교 쉬는 시간. 친구들과 함께 모여 앉아 보드게임을 하고 있어요. 다른 친구가 같이하고 싶은 마음에 말을 걸었지만, 지금은 참여 인원이 다 차서 같이 할 수 없는 상황이에요. 이럴 땐 뭐라고 하면 좋을까요?

정답: ① "미안해, 다음엔 꼭 같이 하자."

정답

P.67

P.69

P.71

P.73

P.75

P.77

P.79

P.80

5단계

- 낱말퍼즐 1
- 낱말퍼즐 2
- 낱말퍼즐 3
- 낱말퍼즐 4
- 낱말퍼즐 5
- 낱말퍼즐 6
- 낱말퍼즐 7
- 놀이터 1
- 놀이터 2
- 놀이터 3
- 놀이터 4
- 정답지

가로 뜻풀이

1. 일의 형편이나 그렇게 된 까닭. 엄마는 내 ○○은 듣지도 않고 무조건 동생 편만 들었다.
2. 제주도 한라산 꼭대기에 있는 호수.
3. 손으로 잡을 수 있게 만든 부분. 버스가 흔들리자 ○○○를 꼭 붙잡았다.
4. 겨울철 남쪽 하늘에 보이는 별자리. 오리온을 들이받으려고 달려드는 황소의 뿔 같은 모양으로, 커다란 V자 같아요.

세로 뜻풀이

1. 쓰는 방법. 원고지 ○○○에는 몇 가지 주의 사항이 있어요.
3. 손을 움직여 자기의 뜻을 나타내는 행동.
5. 놀라고 황당하여 어찌할 바를 모름. 선생님의 갑작스러운 질문에 모두 ○○했다.
6. 사면이 물로 둘러싸인 육지.

공부한 날 _____월 _____일 _____요일

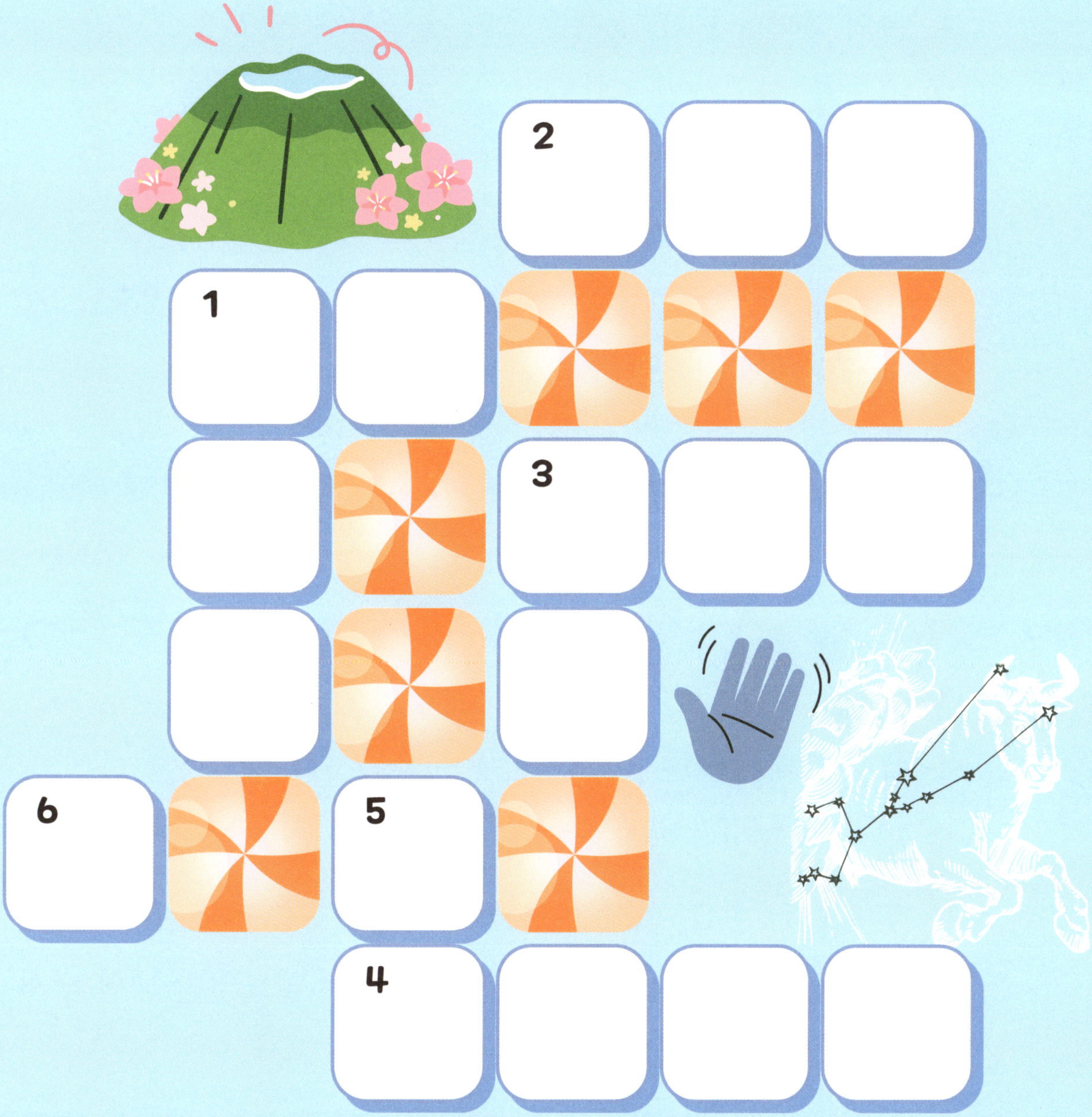

정답은 104쪽에 있어요!

가로 뜻풀이

1 몸의 부피나 크기. 공룡은 ○○이 굉장히 커요.
2 나무를 많이 심고 가꾸는 곳. 나무 잘 기르는 법을 연구하고, 사람들에게 구경시켜주기도 해요.
4 목에서 나오는 소리. ⓑ 육성, 음성
5 우리나라 울릉도 동남쪽에 있는 화산섬. 조선 시대에는 '우산도'라고 불렀대요. ○○는 우리 땅!

세로 뜻풀이

1 몸을 움직이는 모양. 우스꽝스러운 ○○에 모두 웃었다.
3 집 안에 꽃이나 나무를 심어 놓은 뜰.
4 면실로 짠 장갑. 이삿짐 나를 때에는 ○○○이 제일 좋아요.
6 어떤 일을 할 때 쓰는 모든 물건. 아빠는 일요일만 되면 낚시 ○○를 챙겨 바다로 간다.
7 물건을 사고팔기 위해 정한 액수. ⓑ 가격

공부한 날 _____월 _____일 _____요일

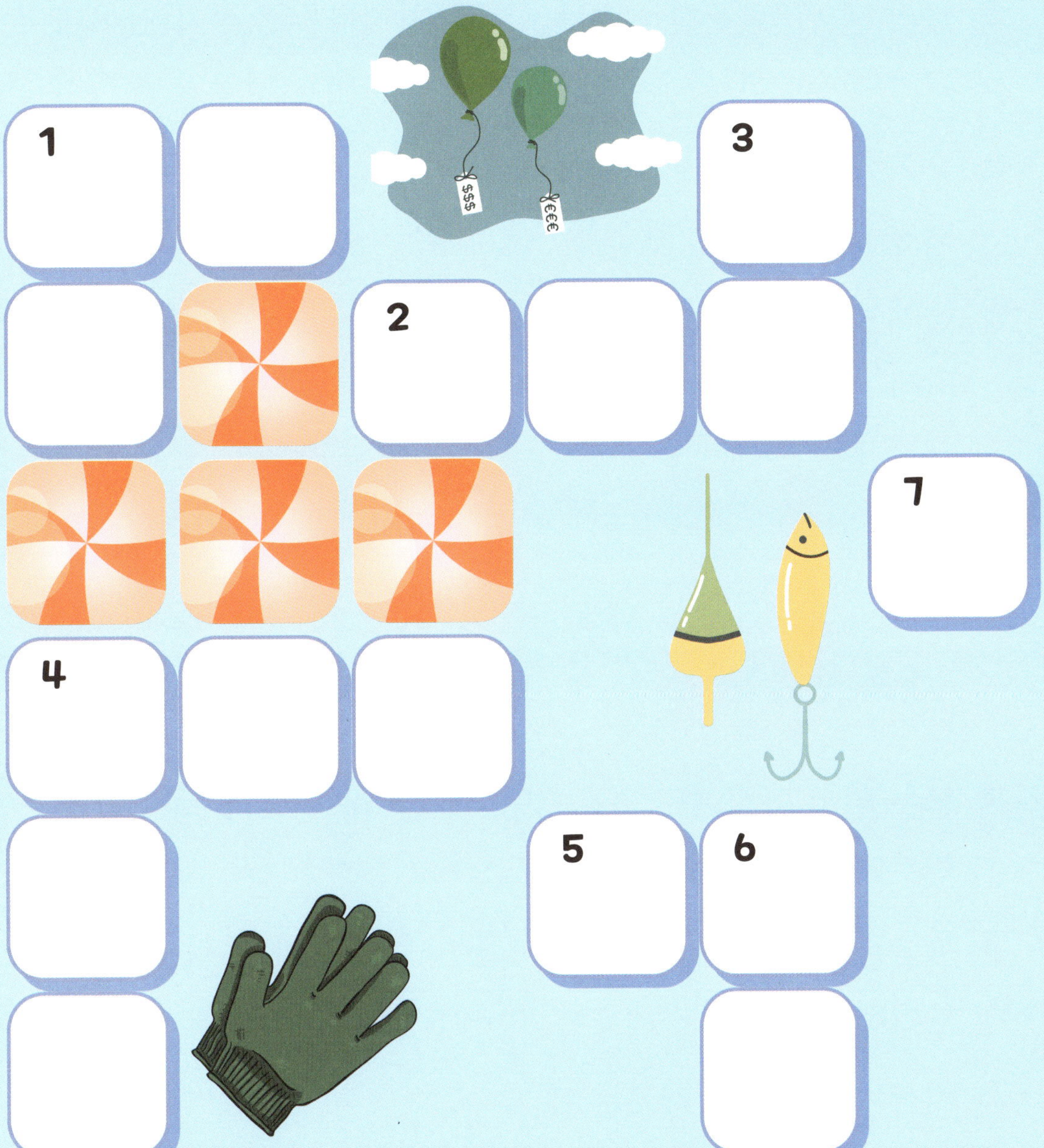

정답은 104쪽에 있어요!

가로 뜻풀이

1 산의 맨 위. 백두산 ○○○○에는 천지라는 호수가 있어요.

3 빈 곳. 가방 안에 책을 꺼내면, 빈 ○○이 생겨요.

4 유치원을 졸업하고 가는 학교. 6년을 다니며, 이곳을 졸업하면 중학교에 가게 돼요.

5 눈에는 보이지 않고 냄새도 나지 않는 기체로 우리가 매일 마시고 내쉬는 거예요. 이것이 없으면 우리는 살 수 없어요.

세로 뜻풀이

2 묻는 말에 답하여 말하는 것. 아빠는 내 ○○은 듣지도 않고 화부터 냈어요. ㉯ 질문

3 하늘과 땅 사이의 빈 곳. ○○을 마음껏 날아다니는 새.

4 모임에 초대한다는 내용을 적어서 보내는 편지.

5 지식이나 기술을 배우는 것.

가로 뜻풀이

1 반딧불이가 내는 반짝이는 불빛. 열이 거의 없어 차가우며 그 불로 짝을 불러요.

3 설거지를 할 때 앞에 두르는 치마. ○○○는 주방 필수품이다.

5 위험을 무릅쓰고 어떠한 일을 함. 또는 그 일. 신밧드의 ○○

세로 뜻풀이

1 가루에 물을 섞어 이리저리 치대어 갬. "수제비를 먹으려면 밀가루 ○○을 먼저 해야 해."

2 이리저리 고부라진 모양. "라면은 왜 ○○○○ 한 걸까?"

4 여러 집이 한데 모여 사는 곳. "우리는 어릴 적에 같은 ○○에서 살았어."

5 겉으로 보이는 생김새. 구름 ○○이 솜사탕 같다.

6 열대 지방에 사는 물고기. 화려한 색과 모양을 가지고 있어 보고 즐기기 위해 길러요.

공부한 날 _____월 _____일 _____요일

정답은 104쪽에 있어요!

가로 뜻풀이

1 간단하게 먹는 음식. 이걸 너무 많이 먹으면 밥을 못 먹어요.
2 여럿 가운데 제일 좋음. "내가 ○○ 좋아하는 과일은 사과야."
4 큰길에서 들어와 집들 사이에 난 좁은 길. 어두운 이 길은 특히 위험해요.
6 지구의 가장 남쪽에 있는 대륙. ㉙ 북극
7 일상용품을 만들 때 많이 사용하는 비금속 물질. 불에 태우면 환경 호르몬이 나와 환경오염의 원인이 돼요.

세로 뜻풀이

1 잊거나 잃지 않도록 잘 보관하는 것. "너와의 추억은 내 가슴 속 깊이 ○○할게."
3 혈액을 온몸으로 순환시키는 펌프 같은 구실을 하는 기관. "○○이 콩닥콩닥 뛰어."
5 길에서 사람이 건너다닐 수 있도록 만들어 놓은 곳. ○○○을 건널 때에는 좌·우 확인을 잘 해야 돼요~
6 네 방위 중 하나. 나침반의 S극이 가리키는 방위. ㉙ 북쪽

공부한 날 _____월 _____일 _____요일

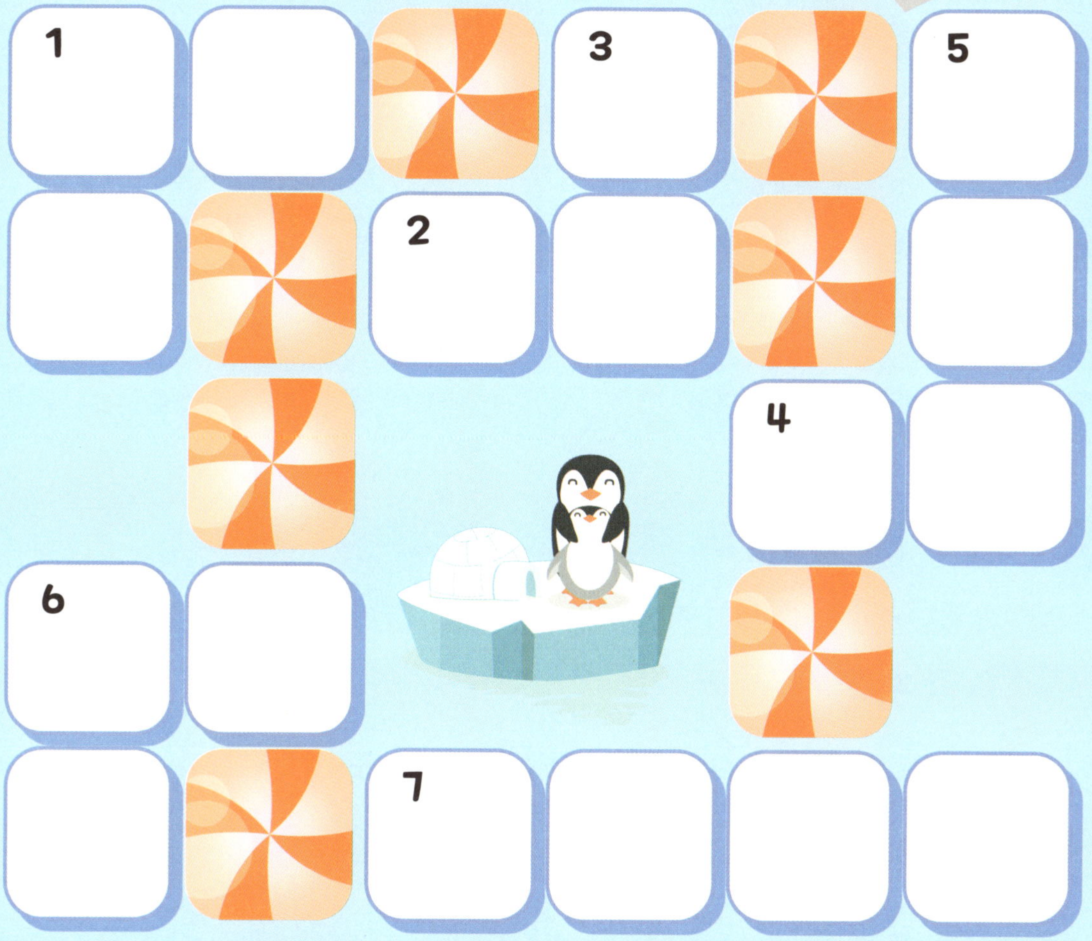

정답은 104쪽에 있어요!

가로 뜻풀이

1 실내에서 여러 가지 운동 경기를 할 수 있게 만든 건물. "새로 지은 우리 학교 ○○○은 정말 넓어."

3 어림잡아 헤아리는 것. "내 ○○으로는 네가 이 게임에서 우승할 것 같아."

5 고둥 껍질에 살고 있는 집게.

7 얼마 되지 않은 매우 짧은 동안. "여기에서 ○○만 기다려~"

세로 뜻풀이

1 자기가 직접 몸으로 해 보는 것. 현장○○학습

2 오랫동안 되풀이하여 몸에 밴 행동. "밥 먹고 바로 눕는 ○○은 좋지 않아."

4 처음으로 함. '○○이 반이다'라는 속담도 있어요.

6 제주도 중앙에 있는 산. 꼭대기에는 백록담이라는 못이 있고 1996년 유네스코 세계 문화유산으로 지정되었어요.

7 여름에 내리는 비. 여름철에 비가 내리면 일을 못하고 잠을 잔다는 뜻에서 유래되었어요.

공부한 날 _____월 _____일 _____요일

정답은 104쪽에 있어요!

가로 뜻풀이

1 작품이나 글에서 첫머리에 붙이는 이름. "이 책의 ○○은 무엇인가요?"

2 어떤 일이나 내용을 듣는 사람이 잘 이해할 수 있도록 자세하게 말하는 것. "장난감 조립하는 방법 좀 ○○해 줘."

4 물건의 이름이 적힌 종이를 숨겨 놓고, 찾은 사람에게 해당 상품을 주는 놀이.

6 나이가 같거나 비슷한 무리. 옆집에 이사 온 친구가 내 ○○래요.

세로 뜻풀이

1 우리나라 가장 남쪽에 있는 큰 화산섬. 해녀와 말과 감귤로 유명하며, 섬 한가운데 한라산이 있어요.

3 광선으로 밝게 비춤. 도서관 ○○은 밝아서 좋다.

4 특별하지 않고 흔히 볼 수 있음. ㉑ 일반

5 원하는 대로 되기를 바라면서 기다림, 또는 그런 바람.

공부한 날 ____월 ____일 ____요일

정답은 104쪽에 있어요!

놀이터

그림에서 서로 다른 부분을 찾아 동그라미 해보세요. 모두 10군데입니다.

정답은 104쪽에 있어요!

그림과 같은 순우리말이 들어간 문장을 만들어 보세요.

고슬고슬

뜻 밥이나 흙 등이 너무 질지 않고 알맞게 잘 된 상태

예 _____

달보드레하다

뜻 살짝 달고 보드라운 느낌이 있는 상태

예 _____

오순도순

뜻 사이좋게 정답게 말하거나 지내는 모양

예 _____

새근새근

뜻 작고 고르게 숨쉬며 조용히 자는 모양

예 _____

알쏭달쏭 퀴즈를 풀어 보세요.

1 봄, 여름, 가을, 겨울 중에서 태양이 가장 낮게 떠 있는 계절은 언제일까요?

① 봄
② 여름
③ 가을
④ 겨울

2 우리 몸에서 뼈가 하는 가장 중요한 역할은 무엇일까요?

① 몸을 단단하게 지탱한다
② 머리카락을 자라게 한다
③ 음식을 소화시킨다
④ 피를 만든다

3 지구가 스스로 도는 것을 무엇이라고 할까요?

① 공전
② 회전
③ 자전
④ 우주여행

4 비가 내린 후 하늘에 나타나는 일곱 가지 색의 무지개를 보려면 어떻게 해야 할까요?

① 흐린 날을 기다린다
② 햇빛이 있을 때 비가 내린 뒤 하늘을 본다
③ 밤이 올 때까지 기다린다
④ 바다를 본다

정답 : 1-④, 2-①, 3-③, 4-②

토끼가 당근을 찾아갈 수 있도록 바르게 쓴 낱말을 따라가며 미로를 빠져나가 보세요.

정답은 126쪽에 있어요!

정답

6단계

낱말퍼즐 1
낱말퍼즐 2
낱말퍼즐 3
낱말퍼즐 4
낱말퍼즐 5
낱말퍼즐 6
낱말퍼즐 7
놀이터 1
놀이터 2
놀이터 3
놀이터 4
정답지

가로 뜻풀이

1 월, 화, 수, 목, 금, 토, 일을 통틀어 이르는 말.

3 신기한 능력으로 재주를 부림. ○○램프

4 자극에 대한 반응이나 감각이 아주 섬세함. 사람은 배고프면 ○○해진다.

5 눈 깜짝할 사이. 주사를 맞는 ○○ 너무 아파서 눈물이 났어요. ㉖ 영원

세로 뜻풀이

2 한 주일의 끝 무렵으로 토요일부터 일요일까지를 말해요.

3 일주일의 각 날을 이르는 말. "오늘이 무슨 ○○이지?"

4 예의에 관한 모든 질서나 방법. ○○ 바른 어린이가 사랑받아요~

5 무슨 일을 하거나 일이 이루어지는 차례.

6 안부나 소식을 상대방에게 전달하기 위해 쓰는 글. 이것을 보낼 때는 우표를 붙이고 우체통에 넣어야 해요.

공부한 날 _____월 _____일 _____요일

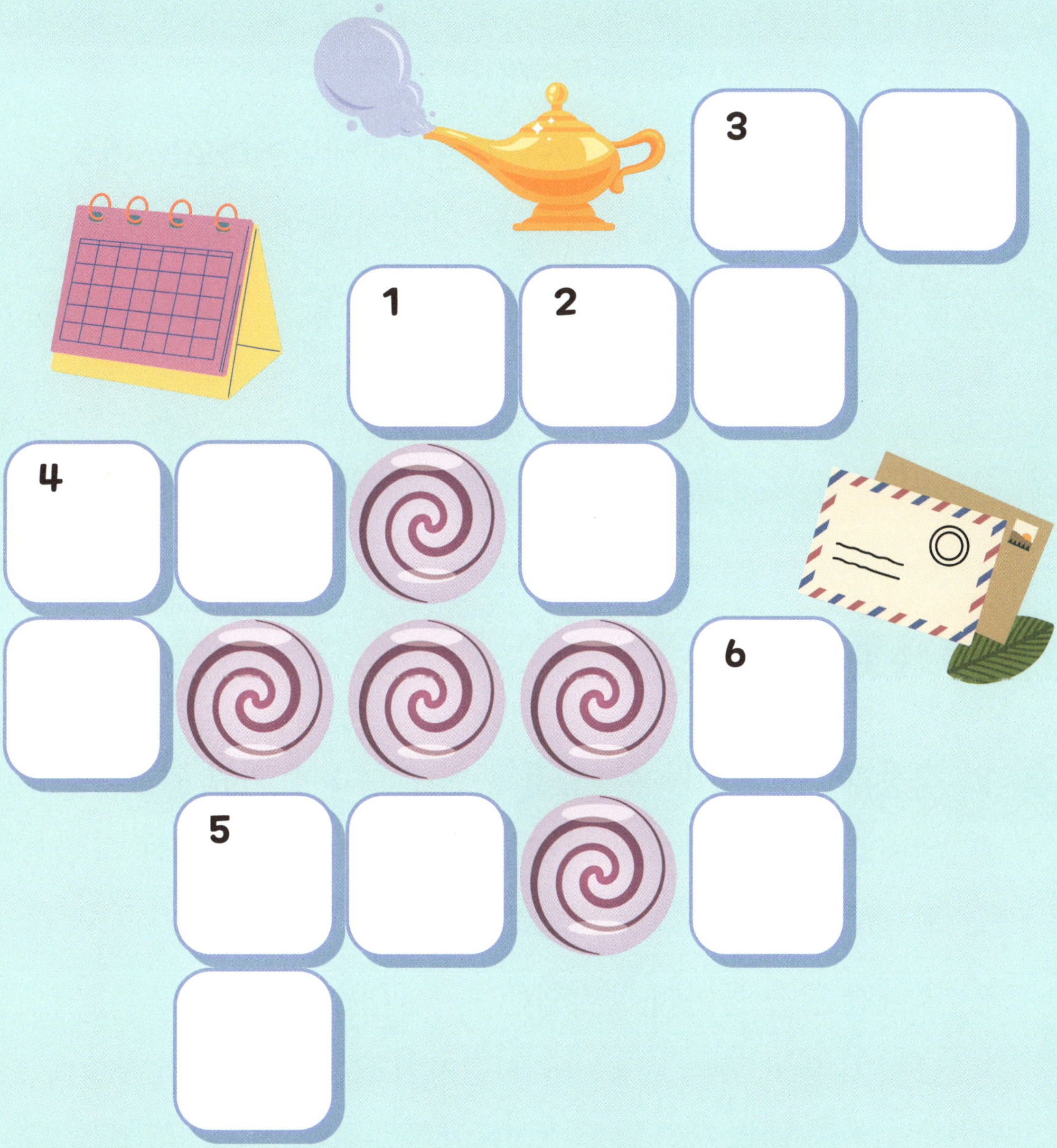

정답은 124쪽에 있어요!

가로 뜻풀이

1 책을 읽거나 공부할 때 앉는 상. 옛날에는 앉은뱅이 ○○, 요즘은 의자식 ○○에서 공부해요.

2 본래부터 있었던 말. 고유어 또는 순우리말이라고도 해요.

4 잊지 않고 머릿속에 담아 두는 것. "어제 엄마가 한 말이 도무지 ○○나지 않아."

6 옷을 만드는 데 쓰는 천.

세로 뜻풀이

1 책장과 책장 사이. 은행잎을 주워 ○○○에 끼워 놓았다.

3 어떤 사물이나 사건에 대해 하는 말. 이 소설은 입에서 입으로 전해지는 ○○○를 바탕으로 쓰였어요.

5 지나간 일을 돌이켜 생각함.

7 글의 내용이 되는 재료. 이번 글짓기 대회의 ○○은 학교다.

공부한 날 _____월 _____일 _____요일

정답은 124쪽에 있어요!

가로 뜻풀이

1 관심을 가지고 보살피는 것. '돌보다'와 같은 뜻. 동생 ○○○는 너무 어렵지요.

3 정월대보름에 먹는 열매 중 하나. 땅속에서 익은 열매를 볶아서 먹는데 단백질과 지방이 풍부하지요.

4 붕어와 비슷하게 생긴 물고기. 몸길이가 1m 정도로 약간 옆으로 납작하고 입가에 두 쌍의 수염이 있어요.

6 가족과 함께 다녀오는 여행.

8 정신이나 마음을 일컫는 말. 마술쇼를 보느라 ○이 빠져 있다.

세로 뜻풀이

2 육지동물 중 목이 가장 긴 동물. 목 길이만 3m, 전체 키가 6m나 되며 갓 태어난 새끼도 키가 1.7m나 된대요.

3 땅 밑 혹은 땅 아래. 지렁이와 두더지는 ○○에 살아요.

5 등이 푸른 바닷물고기. 소금에 절여서 조림이나 구이로도 먹는 생선입니다.

7 입의 가장자리. 아이는 ○○에 소스를 묻히며 짜장면을 먹고 있다.

공부한 날 _____월 _____일 _____요일

정답은 124쪽에 있어요!

🟦 가로 뜻풀이

1 이상하고 무섭게 생긴 사람이나 동물. 이 영화에는 머리가 둘이고 눈이 셋인 ○○이 주인공이에요.

3 발가락 끝부분을 보호하고 있는 딱딱하고 얇은 물질. 발에는 ○○, 손에는 손톱이라고 불러요.

4 하루하루, 나날이. 나는 ○○ 아침 스트레칭을 해요.

6 머리는 넓적하고 매우 큰 입 옆에 네 개의 긴 수염이 있는 물고기. 찜이나 매운탕으로 요리해 먹어요.

🟪 세로 뜻풀이

2 물이 흘러 내뻗는 힘. 큰 배는 ○○을 가르며 출발했다.

3 발의 뒤쪽 발바닥과 발목 사이의 불룩한 부분. 신발이 작아서 ○○○○가 아파요.

5 세상에 태어난 날. "이번 ○○에는 파티를 할 거야."

7 사물의 표면에 묻어 있거나 머금고 있는 약간의 물. 축축한 물의 기운. ○○가 있는 손으로 전기 콘센트를 만지면 안 돼요.

공부한 날 _____월 _____일 _____요일

정답은 124쪽에 있어요!

113

가로 뜻풀이

1 밀가루 반죽을 적당한 크기로 얇게 떼어 끓는 물에 넣어 익힌 음식.

3 옷이나 가방 같은 데 물건을 넣을 수 있게 손바닥만 하게 만든 부분. 겉옷에 이것이 없으면 불편해요.

4 잉크를 넣은 필기도구의 하나. 심은 나일론이나 폴리에스테르의 섬유를 굳혀 만들어요.

5 해가 내리쬐는 뜨거운 기운. "○○에 얼굴이 까맣게 탔어."

세로 뜻풀이

1 성인 남자의 입 주변이나 턱 또는 뺨에 나는 털. 귀밑에서 턱까지 이어지면 구레나룻이라고 해요.

2 음식을 끓이거나 삶은 데 쓰는 조리 기구. 라면이나 찌개, 물 등을 끓일 때 사용해요.

3 다섯 손가락을 오므려 쥔 손. ○○ 쥐고 손을 펴서~

4 캔디라고도 해요. 알○○, 눈깔○○

5 해가 비추는 빛. 해의 밝고 눈부신 성질을 말해요.

공부한 날 _____월 _____일 _____요일

정답은 124쪽에 있어요!

가로 뜻풀이

1 어떤 일에 드는 힘이나 수고를 판 대가로 받거나, 품을 산 대가로 주는 돈이나 물건. ⓑ 품값
2 콩을 털어 내고 남은 껍질.
3 팥을 삶아 으깨어 거른 물에 쌀을 넣고 쑨 죽. 옛날부터 동짓날이 되면 먹었어요. ○○할머니와 호랑이
4 머리를 꾸미거나 머리카락이 흘러내리지 않게 꽂는 핀.
6 약아빠지고 잔꾀가 많은 사람을 이렇게 부르기도 해요. 늑대와 ○○

세로 뜻풀이

2 조선 시대의 소설 중 하나. 착하고 예쁜 ○○가 계모와 이복동생 ○○에게 심한 구박을 받았지만, 어려움을 이겨내고 잘 살았다는 내용으로 권선징악을 주제로 한 소설의 제목.
5 추위를 막기 위해 목에 두르는 천. 멋을 내기 위해서도 둘러요.
7 같은 또래의 남자나 여자끼리에서 아랫사람을 이르는 말. 남자들 사이에서 많이 쓰여요.

공부한 날 _____월 _____일 _____요일

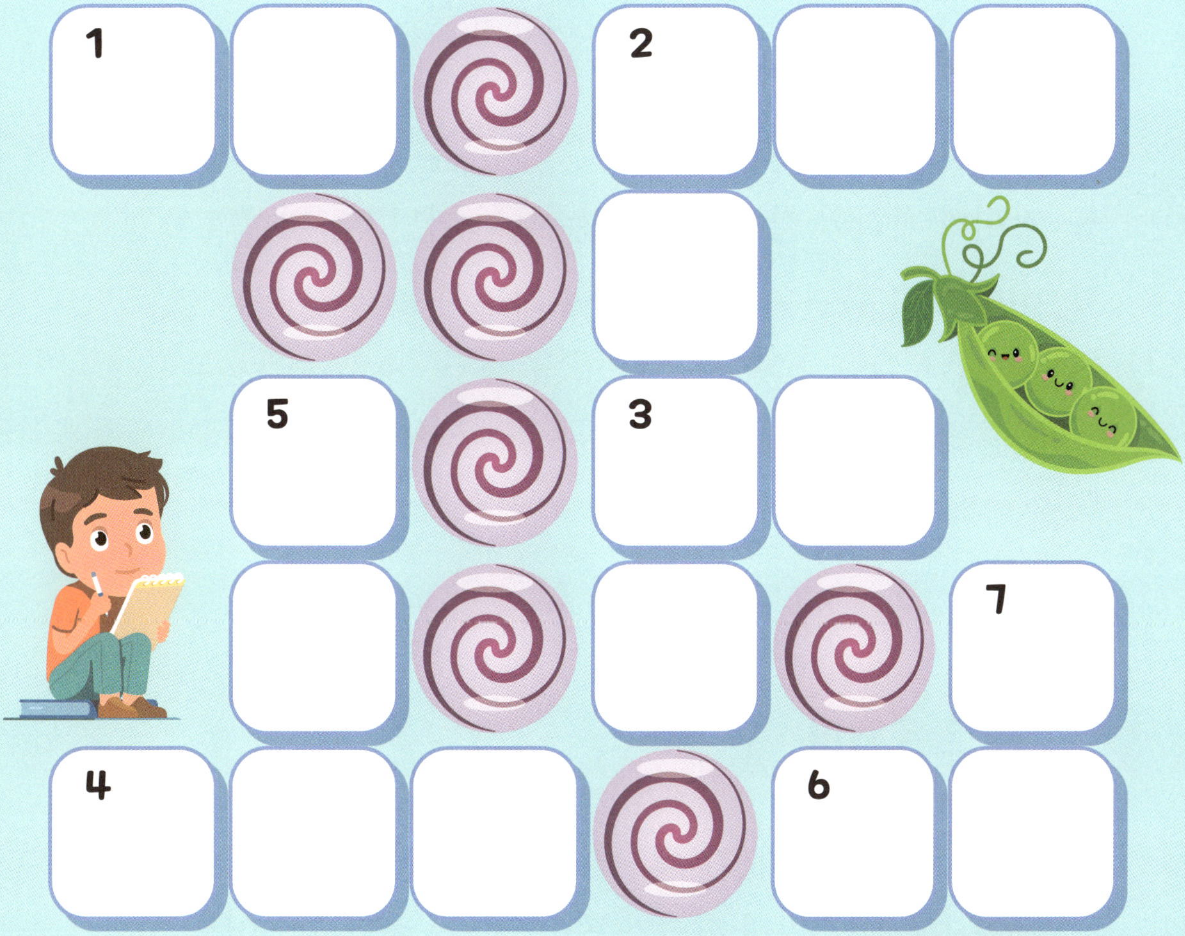

1		●	2		
●	●				
	5	●	3		
		●		●	7
4			●	6	

정답은 124쪽에 있어요!

가로 뜻풀이

1 짹짹~ 하고 우는 갈색빛의 작은 새. 가을에 농작물을 해치는 이 새를 쫓기 위해 논에 허수아비를 세워요.

3 불에 탈 때 생겨나는 검거나 뿌연 기체. "공장 굴뚝에서 검은 ○○가 나와."

5 강이나 바다와 같이 물이 있는 곳이 아닌 땅. 바다와 ○○

7 여러 가지 물건을 종류에 따라 나누어 놓는 것.

8 긴 코를 가진 육지에서 가장 큰 동물. 앞니 두 개가 특별히 길고 큰데 '상아'라고 불러요.

세로 뜻풀이

2 목·다리·부리가 긴 새. 우리나라 천연기념물 제199호. '뱁새가 ○○ 따라가면 다리가 찢어진다'는 속담도 있어요.

4 뜨거운 기운. 흥분해서 달아오른 분위기나 상황.

6 물건을 여기저기 늘어놓아 정돈되어 있지 않고 어수선한 것. "오빠 방은 항상 ○○○해."

9 부리로 나무에 구멍을 내어 그 속의 벌레를 잡아먹는 새.

공부한 날 _____월 _____일 _____요일

정답은 124쪽에 있어요!

놀이터

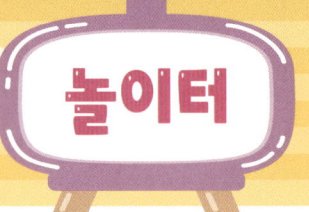

그림에서 숨은 그림을 〈보기〉에서 찾아 동그라미 해보세요. 모두 12개입니다.

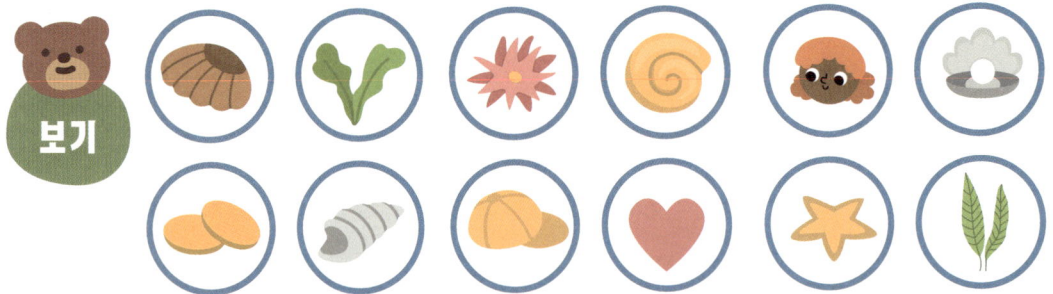

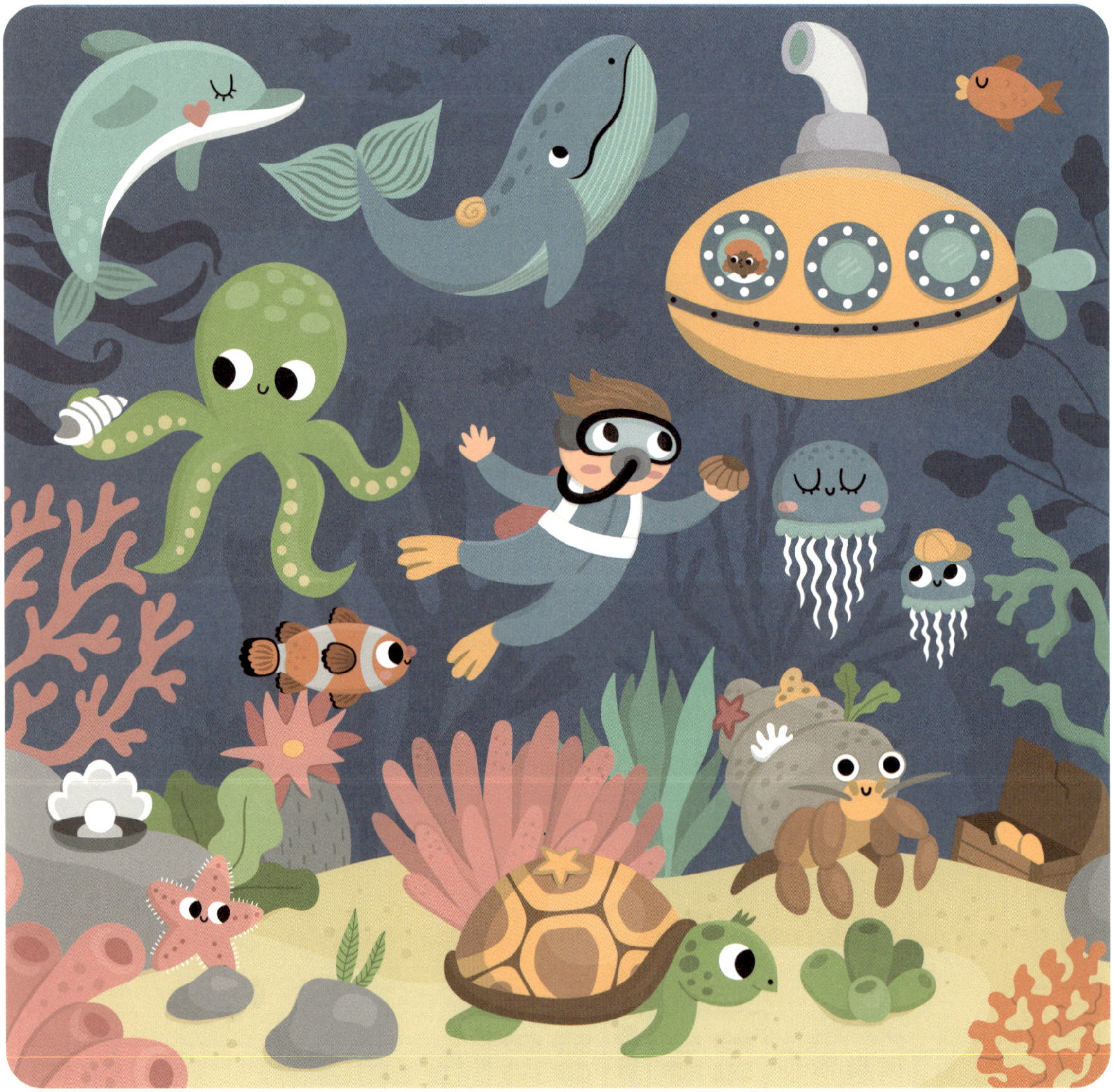

정답은 124쪽에 있어요!

사물을 셀 때 어울리는 낱말에 동그라미 해 보세요.

두부 한 모 / 쪽

배추 두 권 / 포기

집 세 개 / 채

연필 네 자루 / 짝

신발 다섯 켤레 / 개

옷 여섯 명 / 벌

정답은 126쪽에 있어요!

가르치다 / 가리키다

'가르치다'는 지식이나 기술을 알려 주는 것. 머릿속에 새로운 것을 배우게 해주는 것.
'가리키다'는 손가락이나 어떤 도구로 방향이나 물건을 짚어 주는 것.

바른 쓰임새를 알아보며 따라 써 보세요.

 가르치다

선생님이 아이들에게 한글을 <u>가르쳐요</u>.

가리키다

친구에게 학교 정문이 어디 있는지 손으로 <u>가리켜줬어요</u>.

그림에 있는 글을 읽고 〈보기〉에서 적당한 낱말을 찾아 써 보세요.

 **보기**

신난다, 기쁘다, 속상하다, 떨린다, 부끄럽다

학교에서 그림 대회 1등을 했어요. 신이 나서 엄마에게 말하려고 하는데, 저녁 준비로 바쁜 엄마는 아이 얼굴도 보지 않고 방에 가서 숙제하라고 합니다. 아이는 결국 말하지 못한 채 자기 방으로 들어가 버렸어요. 아이의 기분은 어땠을까요?

얼른 방에 가서 숙제 해.

정답: 속상하다

정답

정말 잘했어요!

 이름:

1단계	☆	☆	☆	☆	☆	☆	☆
2단계	☆	☆	☆	☆	☆	☆	☆
3단계	☆	☆	☆	☆	☆	☆	☆
4단계	☆	☆	☆	☆	☆	☆	☆
5단계	☆	☆	☆	☆	☆	☆	☆
6단계	☆	☆	☆	☆	☆	☆	☆

QR 및 놀이터 정답

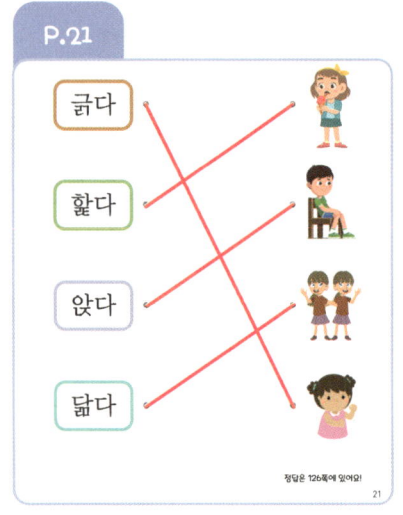

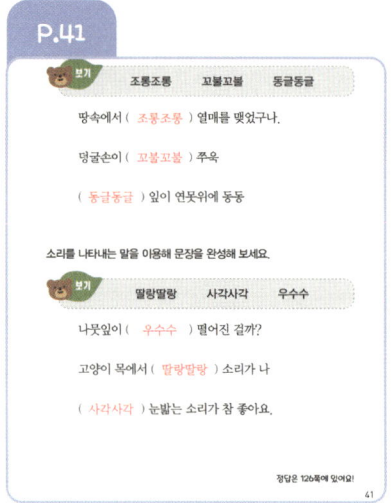

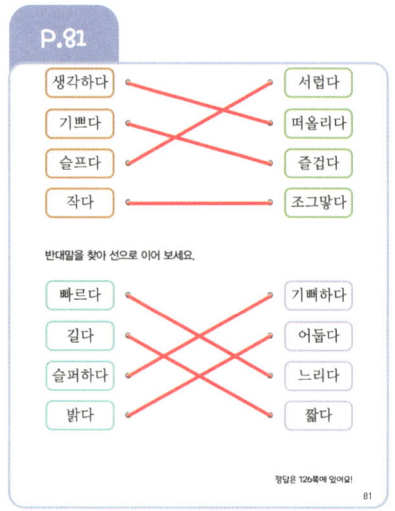

QR코드를 찍어보세요!
각 단계의 정답지와
무료 시트지를
확인 할 수 있습니다.

기획 콘텐츠연구소 수(秀)

"우리 아이들의 말과 글을 어떻게 하면 더 풍성하게 더 깊이 있게 가꿔줄 수 있을까?"를 끊임없이 고민하는 전·현직 초등 교사, 학부모, 에디터 등 교육 실천가들로 구성된 기획 집단. 지난 10여 년간 아이의 어휘력과 문해력 향상이라는 하나의 목표 아래 100여 종의 교재와 교육 콘텐츠를 함께 연구하고 개발하고 있습니다.

똑똑한 낱말퍼즐 2-1
ISBN 979-11-92878-39-3 73370
초판 1쇄 펴낸날 2010년 3월1일 ‖ 개정초판 1쇄 펴낸날 2025년 7월 20일
펴낸이 정혜옥 ‖ 기획 콘텐츠연구소 수(秀)
표지디자인 twoesdesign.com ‖ 내지디자인 이지숙
홍보 마케팅 최문섭 ‖ 편집 연유나, 이은정 ‖ 편집지원 소노을
펴낸곳 스쿨존에듀 ‖ 출판등록 2021년 3월 4일 제 2021-000013호
주소 04779 서울시 성동구 뚝섬로 1나길 5(헤이그라운드) 7층
전화 02)929-8153 ‖ 팩스 02)929-8164 ‖ E-mail goodinfobooks@naver.com
블로그 blog.naver.com/schoolzoneok
스마트스토어 smartstore.naver.com/goodinfobooks

■ 스쿨존에듀는 굿인포메이션의 자회사입니다. ■ 잘못된 책은 본사나 구입하신 서점에서 바꾸어 드립니다.

도서출판 스쿨존에듀는 교사, 학부모님들의 소중한 의견을 기다립니다. 책 출간에 대한 기획이나 원고가 있으신 분은 이메일 goodinfobooks@naver.com으로 보내주세요.